SIÉGE DE PARIS

1870-1871

OUVRAGE TIRÉ A 550 EXEMPLAIRES.

———

Les Plans ont été photogravés d'après les dessins de l'auteur

———

Nº 373

PARIS. — IMP. VICTOR GOUPY, RUE GARANCIÈRE, 5.

LE 5e SECTEUR

OU

REMPART DES TERNES

NOTES

SUR SON ORGANISATION, SON ARMEMENT, ETC.

PAR

A. C. E. BELLIER DE VILLIERS

CAPITAINE A L'ÉTAT-MAJOR GÉNÉRAL DES GARDES NATIONALES DE LA SEINE,
ATTACHÉ AU 5e SECTEUR.

PARIS

LIBRAIRIE BACHELIN-DEFLORENNE

3, QUAI MALAQUAIS, 3

Au premier, près de l'Institut

MÊME MAISON A LONDRES, GARRICK-STREET, 25, COVENT-GARDEN

—

M.D.CCCLXXI

TABLE DES CHAPITRES

TABLE DES PLANS

———

INTRODUCTION

———————

Avant d'offrir au public l'analytique d'une des neuf divisions de l'enceinte de Paris, je crois devoir dire quelle fut et quelle est encore ma manière de penser sur le siége de la ville.

A la vérité, c'est là un sujet aussi ingrat qu'épineux; car, une opinion de plus ou de moins sur des faits accomplis est de bien médiocre importance quand le dénouement a été aussi désastreux, et je ne saurais critiquer, de parti pris, ce qui fut fait ou prétendre indiquer ce qui eut dû être tenté. Mais j'estime qu'il est du devoir de tout homme, en présence d'un désastre national, non pas seulement de consacrer au pays son intelligence et son énergie au moment du danger, mais de consulter son propre cœur et plus encore sa raison, pour rechercher quelles furent et les causes et les effets des événements funestes à la patrie.

C'est animé de ce sentiment que, — tout en faisant mon service, — j'établissais les divers éléments de ce mémoire que je n'ai eu qu'à coordonner plus tard pour les livrer à l'impression comme un témoignage des gigantesques efforts de la défense de Paris.

Une page détachée de ces notes au jour le jour, fera mieux comprendre ma réserve.

2 novembre, une heure du matin.

« A l'instant, le Mont-Valérien vient, selon son habitude, « de prendre la parole. Quelle grandeur elles ont, dans le si- « lence de la nuit, ces formidables détonations qui semblent « nous dire à tous : « Veillez! »

« Elle fait du bien, cette canonnade. Cela vous réveille le « cœur! C'est que la journée a tout à fait manqué de gaieté. « Encore une fois, ne nous est-il pas trop malheureusement « démontré que toute place bloquée, si ses lignes d'investis- « sement ne sont pas brisées par des forces accourues du de- « hors, est forcément, un jour ou l'autre, à la merci de l'en- « nemi! Paris! Toi aussi, aurais-tu bientôt le sort de Metz? « que Dieu nous protége!

« Plus j'y pense, quoi de bon, en effet, puis-je augurer de « l'avenir? A quelques pas d'ici, les Prussiens nous enserrent « chaque jour davantage, et il faut que, parmi nous, l'insur- « rection vienne encore ajouter aux angoisses de notre si- « tuation!...

« La confiance ne se commande pas, et j'ai beau la chercher « en moi-même, elle n'est point. Tout ce que j'entends dire « ici, autour de moi, illusions! Pures illusions! Je dois m'in- « cliner devant celles de mes chefs; je veux bien aussi les res- « pecter chez mes camarades; mais quant à les partager, je ne « le saurais pas. Bien plus, je me violente pour ne pas m'éle- « ver ouvertement contre elles! Comment! Le temps, l'intel- « ligence, le travail, ces forces les plus redoutables dont l'en- « nemi dispose aujourd'hui contre nous, tout cela ne serait « que vains mots! L'improvisation de notre défense, les ha- « sards des combats, voilà la vérité! Jamais!... Jamais!... »

Ces quelques pensées extraites de mon journal sont, je pense, assez explicites.

Cela dit, j'entre en matière.

Que n'a-t-on pas écrit pour et contre la défense de Paris! Depuis Wissembourg et Reischœffen jusqu'à la bataille perdue du Mans, que d'opinions émises ont tour à tour tué ou vivifié les espérances de chacun, surexcité ou calmé l'enfiévrement de tous!

Du remous de ces idées s'étaient finalement dégagés deux courants se précipitant avec une égale force dans des directions parfaitement opposées, mais aussi inconscients l'un que l'autre, de leur vrai point de départ. Ainsi allaient optimistes et pessimistes, discutant, interprétant en rose ou en noir les chances favorables ou contraires, les nouvelles bonnes ou mauvaises, sans se rendre plus justement compte, ceux-ci que ceux-là, que tous leurs raisonnements étaient au-dessus ou au-dessous de la vérité.

Je m'explique.

Le jour où les armées allemandes s'ébranlèrent pour marcher — cette fois, sans obstacles sérieux, — sur Paris, Paris fut pris. C'était une affaire de temps. De temps, car la ville était vouée fatalement, dans un délai de..., à l'une de ces deux extrémités : être enlevée de vive force ou être réduite à capituler par le fait du blocus.

Pour qui s'est rendu compte, à cette époque, de l'état de notre mise en défense, de notre armement, de notre organisation, il ne peut être douteux un instant, je crois, que 150,000 hommes venus à marches forcées — dût-il même n'en arriver que 80,000, — et nous attaquant de nuit et sur plusieurs points à la fois, ne se seraient rendus maîtres de la ville sans coup férir.

Aussi, au point de vue de la direction des opérations, ce sera toujours une lourde faute de l'ennemi, de n'avoir pas su — au lendemain de Sedan — lui, d'habitude, si bien rensei·

gné par son espionnage, le véritable point où en était la mise en défense de Paris et terminé la campagne par un coup décisif, alors impossible à parer.

En second lieu, si l'on considère qu'un mois, jour pour jour, après l'ouverture des hostilités, nous n'avions plus d'armées tenant la campagne, la capitulation s'impose à tous les esprits comme l'inévitable dénouement de l'investissement de Paris.

Ainsi que tout le monde, j'ai lu, dans les feuilles publiques du moment qui le répétaient à l'envi : « La France va se lever « comme un seul homme ! Nos pères, en 92, ont bien vaincu ! « Nous aussi, nous chasserons l'étranger du sol souillé de la « patrie ! etc., etc. » Autant de phrases, autant d'erreurs ! Les amateurs du merveilleux, — ils ne sont pas rares, en France, — ont pu se laisser aller à leur tempérament, croire à toutes ces légendes d'une époque surfaite comme admirer quand même les volontés fantaisistes d'un député-dictateur. Le temps qu'il exerça le pouvoir à outrance prouva, une fois de plus, qu'on peut être un brillant improvisateur de phrases sans avoir, en soi, l'étoffe d'un ministre de la guerre et surtout d'un homme de génie.

La déplorable habitude que nous avons, dans tout ordre d'idées, de bâtir et d'embellir, en n'accordant que la plus médiocre attention au terrain et aux fondations, ne nous a point permis de comprendre que la science, l'organisation, la masse, devaient forcément l'emporter sur le patriotisme et la valeur.

Quand une nation a reçu au cœur, coup sur coup, quatre défaites successives de ses troupes les plus aguerries; quand, à la suite, son territoire est envahi par une nuée de soldats préparés de longue main à faire campagne, bien commandés, bien armés, ivres de victoires et fous d'une haine passée dans le sang, quelles barrières peut-elle opposer à ce torrent de baïonnettes et de canons? Sa poitrine. Ce fut l'honneur de la

France, en ces jours de deuil, de tomber vaincue mais le visage toujours en face l'ennemi !

Aujourd'hui, il faut bien que nous le reconnaissions, l'héroïsme, seul, est impuissant à gagner des batailles. De nos jours, si l'amour de la patrie n'est plus, à la vérité, aussi vif chez tous, miné qu'il a été par les théories les plus ennemies de ce qui fait vraiment une nation, nous sommes restés individuellement aussi valeureux au feu qu'il y a cent ans. Mais encore une fois, est-ce là tout ce qui suffit pour décider de la victoire ? Or, nos armées du Nord, de l'Est, de l'Ouest, avaient-elles de plus sérieuses garanties de succès ? Non. Les vaillants généraux qui les commandèrent ont souvent — cruelle douleur — senti, au milieu de l'action, ce qu'ils auraient osé et fait avec ces mêmes troupes à la hâte levées, équipées et menées à l'ennemi, si elles avaient été vraiment organisées, vraiment aguerries, vraiment dans leur main.

Il ne suffit donc plus de frapper le sol du pied pour en faire jaillir des armées, selon ces fictions de poëte ou d'orateur, si dangereuses et qui nous séduisent tant ! Une armée, comme tout corps créé pour opérer solidairement, est, avant tout, l'œuvre du temps, cette puissance impossible à improviser ; c'est le résultat vers lequel ont tendu de toute leur intelligence, de toute leur volonté, pendant bien des mois, les hommes qui sont sa vie, sa force.

Là fut la cause de tous les succès des armes allemandes sur les armes françaises. Car, étaient-elles égales, les conditions de cette lutte à mort engagée entre les deux nations ? Nos premiers revers, les uns à quelques jours de distance des autres, disent bien haut que non sous tous les rapports. Mais la tactique ? Il n'y a pas de tactique qui puisse résister à l'écrasement de masses humaines formidablement armées et se renouvelant comme les flots d'un torrent. « Ah ! si nous avions eu un homme de génie ! » Hasardera-t-on encore ? Mais un homme de génie n'eût pas fait que des recrues devinssent, en

quelques semaines, de vieux soldats disciplinés, souples au
feu, défiant privations et fatigues. Le génie, sans moyens
d'exécution, lui aussi, est frappé d'impuissance. Alors, d'où
pouvait donc venir le salut de la France ? Hélas ! Le salut !...
l'honneur du pays comme celui de Paris, c'était de combattre
jusqu'à ce qu'épuisés d'efforts, hors d'état de se défendre plus
longtemps, l'un et l'autre en fussent réduits à entendre sans
pouvoir lever leurs bras tombés sans forces, le *væ victis* de la
Prusse, et partant, en subir les humiliantes mais inévitables
conditions.

C'est ce qui fut fait plus ou moins heureusement.

Les fautes se payent toujours et le siége de Paris, entre
autres preuves du peu de jugement, du peu de suite dans les
idées que nous apportons aux choses en général, mérite bien
de fixer toute notre attention. En même temps qu'il est une
leçon pour l'avenir, on peut y voir le prototype de la campagne de 1870-1871.

En somme qu'était Paris avant la guerre ?

Pour tout étranger qui, — il y a un an, — franchissait par
une de nos voies ferrées et pour la première fois, notre mur
d'enceinte, ce n'était pas seulement la capitale de la France
dans laquelle il arrivait, mais bien une ville fortifiée dans laquelle il pénétrait. Oui, ville fortifiée. Oui, place de guerre.
Les forts qu'il avait aperçus campés autour comme autant de
sentinelles avancées, la fortification dont il avait pu juger et
la profondeur des fossés et l'épaisseur des murailles, tout —
sauf cependant l'agglomération des maisons juxta-bâties au
dehors comme au dedans,   tout jusqu'ici l'attestait à ses
yeux.

Maintenant, que ce même étranger, intéressé autant qu'é-
merveillé de la grandeur de cette ville qui, au premier aspect,
dit à l'esprit de qui la visite : « C'est moi ! Voici ma couronne
« de monuments, mes trésors ! Mais aussi voilà mes forte-
« resses, mes remparts contre qui oserait vouloir me les

« ravir ! » Que ce même étranger, avide de connaître, eût voulu non-seulement voir, mais encore savoir Paris place de guerre, qu'eût-il trouvé ?

Il eût trouvé ce que, vous lecteur et moi, nous avons pu voir. Des forts sinon inoccupés, du moins mal entretenus, sans abris ni plate-formes, sans casemates ni magasins, sans même des embrasures ! Comme remparts, une succession de bastions plus ou moins gazonnés mais également dépourvus de tout armement ainsi que de traverses, d'abris, etc. ; enfin, comme portes du corps de place, pas même les vestiges d'un pont-levis ! Quant au service, après cet aperçu, j'aime à croire qu'il lui eût semblé parfaitement inutile de s'enquérir comment il était commandé et ordonné.

De tout ceci, que penser ? que dire ? C'est qu'il est tout à fait inutile, — passez-moi cette banale comparaison, — d'avoir cocher, chevaux, voitures et tout ce qui s'en suit, si l'on est parfaitement décidé à ne jamais aller qu'à pied.

C'est là l'historique de la place de Paris, depuis l'époque où s'éleva sa fortification jusqu'au 1er août 1870 exclusivement.

Mais diront les uns : « Cet état de choses fut la faute des « gouvernements qui se sont succédé, etc.; » et encore : « Pou- « vait-on jamais croire qu'un jour viendrait où, etc., » ajouteront les autres. Oui, c'est vrai, pour notre malheur, le ou les gouvernements ont toujours eu trop bon dos. De plus, ce furent de bien scrupuleux débiteurs, car ils ont toujours payé et leurs fautes et les nôtres. C'est là, aujourd'hui, le plus clair de notre avoir ! Mais trêve de récriminations ! Avouons franchement, — cela nous sera bien plus profitable — que, dans notre beau pays, l'esprit est toujours le même, aussi léger, aussi peu pratique.

Oui, c'est toujours la même histoire ! Nous avons des forts. Oh ! ce n'est pas pour qu'ils soient en parfait état de défense, occupés par des garnisons prêtes du jour au lendemain, à

repousser victorieusement un assaut, — ce qui devrait être.
Non. Cela fait bien dans le paysage, des forts, surtout le Mont-
Valérien, n'est-ce pas ? lorsqu'il détache sa sombre sil-
houette sur l'horizon tout rouge des derniers feux du soleil
couchant! Nous avons aussi une enceinte fortifiée. Oh ! ce
n'est pas pour y établir de sérieux ouvrages, y placer des
pièces du meilleur modèle, avoir un service de place parfaitement organisé, en un mot, être toujours à l'abri d'un hardi
coup de main, — ce qui devrait encore être. Non. C'est amu-
sant à l'œil ces murailles rouges qui vont, viennent, fuient,
reparaissent, toujours couronnées de leurs talus gazonnés, à
la coupe bizarre et variée; puis, c'est un but de promenade,
les enfants y jouent..... Par Dieu! Dites aussi tout de suite
que les chiens s'y poursuivent!

N'est-ce pas le cas où jamais de répéter : « Qui trompe-t-on
ici ?

Hélas ! c'est nous-mêmes ! Toujours nous-mêmes qui nous
abusons, mais par exemple, de la meilleure foi et de la meilleure grâce du monde.

Il était impossible que ce triste état de choses, en particulier, n'exerçât pas son influence sur la résistance de Paris,
devenue, en quelques semaines, un moyen *in extremis*.

Que l'on se rende compte, par la pensée, de ce que Paris, à
cette heure d'angoisses, pouvait être comparativement à ce qu'il
fut. Voyez-vous la grande ville se dépouillant soudain de son
luxe, de ses élégances, pour saisir et tenir haut le drapeau de
la France ! La voyez-vous, toute prête à commander à ses défenseurs le branle-bas du combat et donnant un dernier coup
d'œil à ses forts, à ses remparts, à son formidable armement,
le tout organisé, tenu et entretenu avec cette science, cette
merveilleuse entente qu'elle sait si bien mettre — quand la fan-
taisie lui en prend — à tout ce qui est elle-même ! Quel im-
mense soulagement pour tous les cœurs ! Quel inappréciable

appoint pour la défense de la patrie menacée par l'Allemand jusques en son sein même !

Au lieu de cela, tout était à créer, tout était à organiser. Il est juste de dire, toutefois, que Paris donna un noble exemple en ces jours où les minutes valaient du sang. La ville fut aussi grande, aussi belle de patriotisme que d'énergie et d'activité. De partis politiques, il n'en existait plus alors; l'union en était faite. Chacun avait subitement compris, qu'avant tout, on doit être Français ! Mais depuis....

Mais depuis..... Rome alors estimait leurs vertus !

Le temps nécessairement consacré à faire ce qui n'était pas par l'Artillerie, le Génie et le Ministère des travaux publics qui sauvèrent la ville d'une attaque de vive force, fut perdu pour imprimer à la défense le véritable caractère qu'elle devait avoir. Elle fut, en effet, plutôt défensive qu'offensive, et, selon moi, le contraire eut été bien préférable. Mais il ne faut pas oublier qu'aux événements politiques du 4 Septembre incombe la plus lourde part de responsabilité dans l'impropre direction qui fut donnée aux opérations du siége.

Pour qui avait charge d'une ville dont la population est assez folle pour applaudir au renversement d'un gouvernement, partant à la désorganisation de tous les services publics, et cela quand l'ennemi tient déjà plus d'un tiers du territoire, il fallait non-seulement une très-grande popularité, mais une très-haute capacité militaire, pour pouvoir la dominer et la rappeler énergiquement au sentiment d'une situation dont elle se faisait justiciable un jour, aux yeux du pays.

Ayant en main une telle puissance, on pouvait dès lors tout faire : proclamation de l'état de siége et mise en exécution immédiate et rigoureuse de ses lois, service obligatoire et enrégimentation des gardes nationales, etc., etc. On pouvait tout oser et la bonne volonté, pour tout accepter, eût été gé-

nérale. L'opinion publique, dont le patriotisme et le bon vouloir éclatèrent si manifestement pour étouffer et flétrir l'émeute
du 31 Octobre, a prouvé que le gouvernement eût été soutenu
dans toutes ses entreprises et défendu par tous les honnêtes
gens, Dieu merci! en nombre bien supérieur à cette fraction de
misérables qui commettaient sciemment le plus grand crime
social, — l'insurrection devant l'ennemi!

Qu'on ne dise plus, comme tous les journaux le répétaient
alors : « L'armement est insuffisant. » Des armes, il y avait
déjà dans la place, au 18 Septembre, autant de fusils, autant
de canons qu'il était nécessaire d'en avoir pour faire bien.
Car, c'est un principe que l'attaque définit la défense, et il ne
manquait, dans Paris, ni pioches, ni pelles, ni brouettes, etc.
Or, une fois que nous en avions assez imposé à l'ennemi pour
qu'il n'osât plus tenter une attaque de vive force, la ville, de
jour en jour, défiait davantage tout assaut. Que restait-il alors
à faire aux assiégeants? Cerner les assiégés, les réduire en les
affamant. Mais pour cela, de grands travaux d'investissement
étaient à exécuter autant pour couper sûrement la dernière
de nos communications que pour se protéger contre toute
attaque par derrière. C'est ce que firent les troupes allemandes. Comme des blaireaux, elles remuèrent et remuèrent
encore la terre, nous prouvant ainsi, une fois de plus, qu'il
n'était pas besoin de 800,000 hommes — comme on s'amu-
sait à le répéter — pour bloquer Paris, et que deux fusils
derrière une tranchée en valent vingt en rase campagne.

Dans la résistance de Paris, le point capital — selon moi,
bien entendu — c'était d'agrandir incessamment le cercle
décrit autour de la ville, briser maille par maille le réseau
dont l'ennemi voulait l'envelopper, conquérir mètre par mètre
le terrain sur lui, lui opposer ouvrages sur ouvrages, occuper
la vigueur d'autant de bras qu'il en était nécessaire pour
rendre inabordable le terrain gagné et ne faire parler la
poudre que pour protéger et défendre cette nuée de travail-

leurs. Pas de batailles. Mais par des reconnaissances multipliées, des coups de main, de petits combats, nuit et jour, sur toute la périphérie des environs de l'enceinte, tenir l'ennemi sans un instant de repos, toujours en éveil, toujours menacé, toujours obligé de reculer, toujours forcé de masser des troupes de plus en plus considérables pour résister à nos efforts.

Pour ce faire, je le répète, nous avions autant d'armes qu'il nous en fallait, autant de bras à notre disposition que les travaux et leur défense pouvaient l'exiger. Opposant à l'ennemi ses propres moyens, ouvrageant et combattant toujours sous la protection des forts d'abord, et, plus tard, sous le fouet de nos redoutes avancées, l'enceinte fortifiée de la ville, comme positions de soutien, n'était plus qu'une troisième ligne; nous occupions ou nous forcions à les évacuer, tous les points d'où l'ennemi nous a bombardé, en un mot, nous tirions le meilleur et le plus honorable parti de toutes les ressources que nous possédions. C'était notre rôle et notre tâche. Paris bloqué n'avait pas à s'occuper du reste de la France, mais à se donner tout entier aux moyens de prolonger le plus longtemps possible sa résistance. Il servait en même temps et les intérêts du pays et les siens propres; et c'était à la France, voyant l'héroïsme de cette cité qu'elle avait fait sa capitale et qui s'en montrait si digne, d'accourir à son secours ou — si la mère-patrie ne le pouvait — de couvrir un jour d'immortelles cette fille vaillante qui tombait aux yeux du monde, sanglante, épuisée, mais jetant à ses sœurs ce dernier cri :

Fais ce que dois, advienne que pourra !

CHAPITRE I

Commandants en chef et états-majors.

COMMANDANTS EN CHEF ET ÉTATS-MAJORS

Par une lettre du général Trochu, Gouverneur de Paris, adressée le 10 Septembre 1870, à tous les Commandants de Secteurs, les attributions de ces officiers généraux — en ce qui concerne les troupes qui y sont campées, — sont ainsi définies :

« Les Commandants de Secteurs ont, sous leurs ordres,
« toutes les troupes des gardes nationales sédentaires qui y
« sont réunies pour le service. Ils disposeront également des
« troupes de ligne et douaniers qui sont casernés sur l'en-
« ceinte elle-même, dans les postes-casernes et dans les ca-
« sernes de l'octroi.

« Quant aux troupes de ligne ou de garde mobile qui sont
« casernées ou logées chez l'habitant, elles restent sous les
« ordres du général commandant la 1re Division Militaire et
« des généraux qui les commandent.

« Cependant, comme elles peuvent avoir le rôle de réserves,
« elles pourront être requises directement par les Comman-
« dants des Secteurs dans les cas d'urgence, mais avis en sera
« donné, par eux, aux généraux qui les commandent.

« En ce qui concerne la direction des services de l'artillerie

« et du génie sur l'enceinte, elle ne saurait être soustraite,
« sans inconvénients, aux officiers généraux de ces deux
« armes qui ont préparé la défense et se trouveront répartis
« sur l'enceinte même. Il convient d'ajouter que les Com-
« mandants des Secteurs ne pourraient s'introduire dans le
« service de l'artillerie et du génie qu'au point de vue des
« incidents qui se produiraient sur les Secteurs, tandis que
« les officiers des deux armes spéciales auront à pourvoir aux
« incidents qui se produiraient sur la partie de l'enceinte
« qu'ils commandent et qui comprend plusieurs Secteurs.

« Toutefois, MM. les officiers généraux commandants de
« Secteurs pourront faire leurs observations aux généraux
« des armes spéciales, et s'entendre avec eux dans un concert
« dont les uns et les autres sentiront tout le prix. »

Signé : Général TROCHU.

Tel est le plus important, sinon l'unique document, qui
définit le commandement du 5ᵉ Secteur. Le — en ce qui concerne, etc. — permettait d'en attendre d'autres, mais ce ne
furent que des ordres généraux qui, sans en agrandir les attributions, avaient trait à des dispositions purement éxécu-
toires en deçà de l'enceinte, sur son propre territoire.

Les officiers généraux et supérieurs qui — depuis l'organisation des Secteurs jusqu'à l'Insurrection du 18 Mars, —
ont exercé successivement le commandement en chef du
5ᵉ Secteur, sont :

M. le général AMBERT, général de cavalerie, du 5 au 19 septembre 1870 ;

M. le contre-amiral LE COURIAULT DU QUILIO, du 19 septembre
1870 au 15 février 1871 ;

M. le général BOCHER, général de brigade, du 15 février au 15 mars
1871 ;

M. DELCHET (Auguste), lieutenant-colonel à l'état-major des gardes
nationales de la Seine, du 15 février au 18 mars 1871.

Voici quelle fut la composition des états-majors de ces officiers généraux et supérieurs avec les noms et grades des officiers qui eurent l'honneur d'en faire partie.

ÉTAT-MAJOR

de M. le général AMBERT, général de cavalerie.

Quartier général, boulevard de Neuilly, 117.

—

Aide de camp.

M. DE SAINT-LIEUX, capitaine d'état-major de la garde nationale.

Chef d'état-major.

M. NIVIÈRE, chef d'escadron d'état-major de la garde nationale.

Service d'état-major.

MM. DE LADOUCETTE, sous-lieutenant de la garde nationale.
HANRION, sous-lieutenant d'état-major.
BOUCHER, sous-lieutenant d'état-major.

ÉTAT-MAJOR

de M. le contre-amiral LE COURIAULT DU QUILIO.

Quartier général, avenue de Mac-Mahon, 74.

—

Aide de camp.

M. DE MURAT, lieutenant-colonel d'état-major de la garde nationale.

Officier d'ordonnance.

M. LAFERTÉ, lieutenant de vaisseau.

2

Chef de cabinet.

M. Deslandes, lieutenant de vaisseau.

Chef et sous-chef d'état-major.

MM. Delchet (Ernest), chef d'escadron d'état-major de la garde nationale.
Lesterpt, capitaine d'état-major de la garde nationale.

Service d'état-major.

MM. D'Aubier de Rioux, chef de bataillon de ligne.
De Kerret, chef de bataillon de la garde mobile (Morbihan).
De Solminihac, capitaine de la garde mobile (Finistère).
De Salvert, capitaine de la garde mobile (Vienne).
De Léautaud, sous-lieutenant de la garde mobile (Seine-et-Oise).
Bellier de Villiers, capitaine d'état-major de la garde nationale.
Aubernon, lieutenant d'état-major de la garde nationale.

Service des poudres et de l'incendie.

MM. Villedieu de Torcy, capitaine de frégate en retraite.
Delaporte, lieutenant de vaisseau.
Bellet, enseigne de vaisseau.
Penicaud, lieutenant de garde mobile (Seine).

Service du campement.

MM. Godefroid, capitaine d'état-major de la garde nationale.
Choiselat, capitaine de la garde mobile (Seine-Inférieure).

Justice militaire.

M. Lassis, capitaine d'état-major de la garde nationale.

Service médical et ambulances.

MM. Moynier, chirurgien de l'état-major de la garde nationale.
De la Landelle, lieutenant de vaisseau.

Commissariat.

M. Barthez de la Perouse, enseigne de vaisseau.

Correspondance de la Place.

M. Claye, attaché à l'état-major général de la garde nationale.

Conseil de guerre.

MM. Frémard, commandant, commissaire de la République.
ARMAND, capitaine rapporteur.
Pochet, capitaine rapporteur adjoint.
Harlé, greffier.

ÉTAT-MAJOR

de l'Artillerie et du Génie.

Quartier général, rue des Combes, 7.

ARTILLERIE.

Commandant supérieur.

M. Roy, colonel d'artillerie et professeur à l'école militaire de Saint-Cyr.

Service d'état-major.

MM. Tamisier, chef d'escadron d'artillerie.
Lafayette, chef d'escadron d'artillerie.
Michel, chef d'escadron d'artillerie.
Lauriol, lieutenant d'artillerie.
de Comble, lieutenant d'artillerie.
Texier, lieutenant d'artillerie.

GÉNIE.

Commandant supérieur.

M. Bompard, commandant du génie.

ÉTAT-MAJOR

de M. le général BOCHER, général de brigade,

— Division Susbielle. —

Quartier général, rue de Courcelles, 10.

—

Aide de camp.

M. RÉGNIER, lieutenant-colonel d'état-major.

Officier d'ordonnance.

M. FAYETTE, capitaine d'état-major.

Chef d'état-major (Troupes de ligne).

M. LASNIER, chef d'escadron d'état-major.

Service d'état-major.

MM. REICHERT, lieutenant d'état-major.
CHEVALME, lieutenant d'état-major.

Chef d'état-major (Garde nationale).

M. BELLIER DE VILLIERS, capitaine d'état-major de la garde nationale.

Service d'état-major.

MM. DE SOLMINIHAC, capitaine de la garde mobile (Finistère).
DE FALETANS, capitaine de la garde mobile (Jura).
LOUTREL, capitaine de la garde mobile (Seine-Inférieure).
D'ABZAC, lieutenant de la garde mobile (Seine).
GODEFROY, capitaine d'état-major de la garde nationale.

Campement.

M. CHOISELAT, capitaine de la garde mobile (Seine-Inférieure).

Justice militaire.

M. DE SAINTE-MARIE, capitaine d'état-major de la garde nationale.

Correspondance de la Place.

M. CLAYE, attaché à l'état-major général de la garde nationale.

ÉTAT-MAJOR

de M. DELCHET (Auguste), lieutenant-colonel d'état-major à l'état-major général des gardes nationales de la Seine.

Quartier général, rue de Courcelles, 10.

—

Chef d'état-major.

M. BELLIER DE VILLIERS, capitaine d'état-major de la garde nationale.

Service d'état-major.

MM. GODEFROID, capitaine d'état-major de la garde nationale.
    CLAYE, attaché à l'état-major général de la garde nationale.

Service du campement.

M. CHOISELAT, capitaine de la garde mobile (Seine-Inférieure).

CHAPITRE II

Le 5ᵉ Secteur.

LE 5ᴱ SECTEUR

Après la défaite de nos armes à Sedan, Paris, *le delenda Carthago* de M. de Bismark, était, de toute évidence, l'objectif des troupes allemandes.

La France n'avait plus d'armées organisées pour arrêter les envahisseurs. La réalité apparaissait cette fois, brutale, pleine de menaces, grosse de malheurs..... Encore quelques jours et Paris bloqué allait être séparé du reste du pays !

La plus impérieuse nécessité autant que le plus patriotique devoir commandait d'arrêter sans retard un plan de défense et d'indiquer, si sommairement que ce fût, ses premiers points d'exécution.

C'est alors que fut adoptée, pour le corps de place, la division en neuf sections des 35 kilomètres de son enceinte bastionnée.

Cette idée, qui comportait en elle-même tout un système de défense, n'eut pas tout le développement qu'elle méritait. On s'en tint à sa première expression, et, de féconde en précieux résultats qu'elle aurait pu devenir, elle resta une création sinon stérile, du moins bien pauvre de services du genre de ceux qu'on était en droit d'attendre d'elle.

Créer neuf sections ou neuf secteurs, c'était, à mon sens,

non pas seulement répartir les forces de la ville proportion-
nellement aux neuf délimitations de sa fortification et de ses
quartiers, pour en assurer et la défense et le service; mais
bien décentraliser heureusement les opérations du siége, former neuf corps d'armée recrutés dans les quartiers de chaque
secteur, ayant ainsi l'avantage de connaître les environs de
la ville; diviser leurs contingents en compagnies de guerre,
compagnies du génie et compagnies sédentaires, les compagnies de guerre et du génie incorporées aux troupes régulières
et appelées à opérer de concert avec elles sous le commandement d'officiers généraux de l'armée, les compagnies sédentaires occupant les remparts, desservant les postes de l'intérieur et relevant directement de la place.

C'était là les premiers avantages du service obligatoire qui,
imposant à chacun sa tâche, selon l'âge, les aptitudes phy-
siques et les ressources de l'armement, donnait satisfaction aux
légitimes aspirations des uns, aux honorables revendications
des autres et mettait à l'œuvre 700.000 hommes pour la défense de Paris. Peu de semaines se seraient écoulées que,
sous la salutaire influence du commandement militaire, au
contact journalier des troupes régulières, ces mêmes gardes
nationaux rappelés sous les drapeaux et dont la majeure partie avait fait les campagnes de Crimée, d'Italie, de Chine et
u Mexique, seraient redevenus ce qu'ils avaient été, de véritables soldats, renforçant au besoin nos divisions, relevant
le moral de leurs frères d'armes, et faisant vaillamment
comme eux leur devoir, qui du canon, qui du fusil, qui de la
pioche.

Mais les Secteurs n'eurent pas d'aussi brillantes destinées,
et les 4e, 5e et 6e, dont les forces étaient appelées à se donner
la main dans toutes les opérations qui auraient pu être
entreprises, ne profitèrent pas de leur position exception-
nelle.

En effet, protégés, sur leur front, par le cours de la Seine, —

de l'île de Billancourt à l'île Saint-Denis, — ayant au delà, la presqu'île de Gennevilliers dont l'accul, au nord, était balayé par les batteries de la Couronne de la Briche, du parc de Saint-Ouen et de la butte de Montmartre, et dont l'entrée, à l'ouest, est défendue par le Mont-Valérien, dominant de ses feux toutes les plaines des environs, — presqu'île semée des importants villages de Gennevilliers, Asnières, Colombes, Courbevoie, Nanterre, Puteaux, Suresnes et Rueil, autant de cantonnements et de points de défense; — traversée par les lignes ferrées de Paris à Argenteuil, à Rouen, à Saint-Germain, et à Versailles, autant de terrassements et de tranchées; — parcourue par des grandes routes reliant l'île Saint-Denis à Rueil, en passant par Nanterre, Colombes et Gennevilliers, rattachant Courbevoie à Asnières, à Colombes, à Nanterre, à Rueil, au Mont-Valérien, à Puteaux, à Suresnes, — la mission des trois corps d'armée formés par les 4ᵉ, 5ᵉ et 6ᵉ Secteurs, était, ce me semble, toute indiquée, couvrir la Seine depuis Epinay Saint-Denis jusqu'à Chatou, et paralyser les travaux d'approche de l'ennemi au débouché de la presqu'île, à la Jonchère, à Buzenval, à la Bergerie et à Saint-Cloud. Tel devait être le rôle, je l'ai cru, auquel ils étaient appelés.

Quels furent donc alors les services rendus, en particulier, par le 5ᵉ Secteur?

Le 5ᵉ Secteur ne concourut à la défense de la ville qu'en assurant le service, tant sur le rempart qu'à l'intérieur; et en organisant la résistance sur les points principaux de son territoire en vue d'une attaque.

Comme territoire, le 5ᵉ Secteur, situé au nord-ouest de la ville, comprit — de son organisation à l'armistice, — la partie composée des quartiers de Passy, des Ternes, des Batignolles et Saint-Honoré, ayant pour délimitation :

1° Le mur d'enceinte depuis la porte d'Asnières jusqu'à la porte Dauphine ;

2° Les avenues du général Uhrich, de Friedland et le boulevard Haussmann ;

3° Le boulevard Malesherbes et l'extrémité de l'avenue Wagram ;

En un mot, c'était, vers cette époque, un vaste triangle ayant, pour angles de base, la porte d'Asnières et la place Saint-Augustin, et, pour sommet, la porte Dauphine. (*Planche* n° 1.)

Plus tard, — depuis l'Armistice jusqu'à l'Insurrection du 18 mars, — le territoire du 5ᵉ Secteur, beaucoup plus étendu, se composa des 8ᵉ et 17ᵉ arrondissements.

Séparé de la ville de Neuilly et des importants villages de Champerret et Levallois, par la fortification que coupait, avant l'investissement, huit portes dont cinq seulement, celles d'Asnières, de Champerret, de Villiers, des Ternes et de Neuilly restèrent ouvertes ;

Fortifié d'une ligne de neuf bastions desservis, comme Rue Militaire, par les boulevards Berthier, Gouvion Saint-Cyr et Lannes, auxquels aboutissent l'avenue Wagram, le boulevard de Neuilly et les avenues des Ternes et de la Grande-Armée ;

Sillonné, en tous sens, par les avenues d'Essling, Mac-Mahon, Wagram et Reine-Hortense, les boulevards de Courcelles et Péreire, grandes voies dont les principaux points d'intersection, les places de l'Etoile, Péreire et Wagram, les squares Courcelles et Wagram, sont autant de points de défense et de ralliement ;

Barricadé, à l'intérieur, par une série d'ouvrages du type bastionné, élevés au moyen de sacs à terre, fascines et maçonnerie, et par de nombreux murs crénelés et faîtés de sacs, sur les points suivants :

A l'entrée de l'avenue Wagram sur la Rue Militaire ;

Rue Brémontier, au croisé du boulevard Péreire ;

Place Péreire, en arrière du déboucher des voies aboutissant au rempart ;

Au traverser de toutes les rues ou avenues coupant la ligne ferrée de Paris à Auteuil, de la rue d'Asnières à l'avenue de la Grande-Armée ;

Avenue de la Grande-Armée, vis-à-vis la porte de Neuilly et aux approches de la place de l'Etoile ;

Avenue Malakoff, à son débouché sur la porte de Neuilly ;

Aux abords des terrains vagues de la Villa-Saïd, en face le bastion 53 ;

Avenue Uhrich, vis-à-vis la porte Dauphine, d'abord, au croisé de l'avenue Malakoff, ensuite, et enfin aux environs de la place de l'Etoile ;

Avenues d'Essling et Mac-Mahon, près la place de l'Etoile, sur la hauteur dominant les Ternes ;

Parcouru, dans sa plus grande longueur, — de l'avenue Wagram à la porte Dauphine — par deux lignes ferrées dont l'une dessert la Rue Militaire et dont l'autre, le chemin de fer d'Auteuil, est, à la fois, un précieux moyen de transport et une large tranchée couverte, de proche en proche, de nombreux ponts, abris naturels ;

Composé, en partie, de vastes et nombreux terrains vagues, terrains situés, pour la plupart, dans le parallélogramme formé par les boulevards Péreire, Malesherbes, Courcelles et rue de Courcelles, et des plus favorables à l'établissement de camps ou de parcs d'artillerie ;

Enfin, défendu par 70 bouches à feu et 40,000 baïonnettes, le territoire du 5ᵉ Secteur, par l'ensemble de tous ces moyens, était, un mois après l'investissement, éminemment propre à repousser toute attaque de vive force, comme à tenir longtemps en échec, dans le cas d'un assaut réussi, des forces bien supérieures.

CHAPITRE III

Forces du 5e Secteur.

FORCES DU 5ᴱ SECTEUR

Depuis le jour où les armées allemandes menacèrent Paris jusqu'à l'insurrection du 18 mars, les forces du 5ᵉ Secteur, toujours soumises qu'elles furent à la marche des événements, varièrent autant dans leur composition que dans leur effectif.

Pour s'en rendre justement compte, il est nécessaire de se reporter à l'origine du Secteur et de le suivre, dans toutes ses phases, jusqu'au terme que lui assigna l'émeute.

La division de l'enceinte continue en neuf sections une fois adoptée, il était du plus pressant intérêt de donner à chacune d'elles une organisation première. Voici ce qu'elle fut pour la 5ᵉ section ou le 5ᵉ Secteur.

La 5ᵉ section comprendra le rempart de la porte d'Asnières à l'avenue de l'Impératrice.

L'effectif des défenseurs de cette partie de la fortification est fixé à 1,800 hommes.

Les bataillons suivants auront à fournir, par vingt-quatre heures, ce chiffre de fusils :

2ᵉ bataillon.	8ᵉ arrond.	Quartier de la Madeleine. . . .	1,200 h.
3ᶜ —	8ᵉ —	Quartier de l'Europe.	980
8ᵉ —	2ᵉ —	Quartiers Gaillon et Vivienne. .	1,260
33ᵉ —	17ᵉ —	Batignolles.	1,500
35ᵉ —	22ᵉ —	Neuilly.	700
37ᵉ —	22ᵉ —	Puteaux et Nanterre.	1,220

3

six bataillons de la garde nationale réunissant 6,860 baïonnettes, telles furent les premières forces du 5ᵉ Secteur, dont
l'État-Major, non encore constitué, avait pour quartier général désigné, la mairie du 8ᵉ arrondissement, rue d'Anjou
Saint-Honoré.

Dès le 7 septembre, les choses avaient déjà subi d'impor-
tantes modifications. La partie de la fortification à défendre
restait, il est vrai, la même, mais le commandement du Secteur était remis entre les mains de M. le général Ambert,
général de cavalerie en retraite, et son État-Major constitué
prenait position, comme il le devait, en arrière des lignes
d'opération, parfaitement à portée, boulevard de Neuilly, 117.

Au 13 septembre, date de la grande revue de la Garde Nationale passée par le Gouverneur de Paris et le nouveau Commandant Supérieur des Gardes Nationales de la Seine, M. Tamisier, chef d'escadron d'artillerie, la formation de nouveaux
bataillons avait accru sensiblement les forces du 5ᵉ Secteur
représentées alors par les quatorze bataillons de la garde
nationale dont les numéros suivent :

2ᵉ, 3ᵉ, 8ᵉ 33ᵉ, 35ᵉ, 37, 90ᵉ 91ᵉ, 92, 100ᵉ, 111ᵉ, 112ᵉ, 113ᵉ et 132ᵉ.

Cette revue solennelle qui, en réveillant le patriotisme de
tous, rappelait à chacun son premier devoir, défendre la patrie menacée, eut pour effet immédiat d'augmenter encore
l'effectif qui, au 18 septembre s'élevait à 25,730 fusils ainsi
repartis entre les dix-neuf bataillons suivants, groupés selon
les Subdivisions auxquelles l'État-Major Général de la garde
nationale venait de les attacher :

1ʳᵉ subdivision.	8ᵉ arrond.	2ᵉ bataillon.	1,200 h.
1ʳᵉ —	8ᵉ —	3ᵉ —	1,050
1ʳᵉ —	17ᵉ —	33ᵉ —	1,500
1ʳᵉ —	17ᵉ —	90ᵉ —	1,390
1ʳᵉ —	17ᵉ —	91ᵉ —	1,480
1ʳᵉ —	17ᵉ —	111ᵉ — . . Bᵒⁿ des postes.

1re subdivision.	17e arrond.	155e bataillon.	1,710 h.
2e —	2e —	8e —	1,400
3e —	2e —	92e —	1,500
3e —	2e —	100e —	1,790
3e —	2e —	148e —	1,500
3e —	2e —	149e —	1,530
3e —	2e —	181e —	1,500
6e —	1er —	70e —	1,320
6e —	1er —	112e —	1,480
6e —	1er —	113e —	1,500
6e —	1er —	171e —	880
16e —	16e —	35e —	1,450
16e —	16e —	37e —	1,550

C'est ce même jour, 18 septembre, alors que l'ennemi était signalé sur tous les points, au Bourget, à Villejuif, à Châtillon, à Meudon, etc., que M. le général Ambert, victime d'une de ces violences que rien ne saurait jamais disculper—surtout exercées envers le commandement militaire et dans une ville ayant l'ennemi à quelques portées de canon,—fut sacrifié aux exigences politiques du moment et son commandement remis entre les mains de M. le contre-amiral Le Couriault du Quilio, peu de temps auparavant capitaine de vaisseau, commandant le Puebla.

L'ennemi en vue, la nouvelle des escarmouches déjà engagées, le blocus de la ville fait désormais accompli, tout enflamma encore les cœurs et activa davantage les bras.

Sous l'impulsion vigoureuse déjà donnée aux travaux intérieurs et extérieurs, l'organisation de la défense marchait à grands pas. Les ouvrages s'élevaient à vue d'œil, les abattis défensifs du Bois de Boulogne venaient rendre plus difficile l'accès des fossés ; les ponts-levis étaient jetés, les embrasures des bastions s'armaient, le service se régularisait, et, en ces tristes jours, Paris vraiment grand de patriotisme, vraiment imposant dans son énergique activité, se montra digne de meilleures destinées.

Au 1ᵉʳ octobre, par le fait du casernement de six bataillons
des Gardes Mobiles des départements de la Seine-Inférieure,
de la Vienne et de Seine-et-Oise, de l'enrôlement de nouvelles
recrues venant, chaque jour, grossir le nombre des défenseurs,
le corps d'armée du 5ᵉ Secteur comptait 38,435 baïonnettes
fournies par 27 bataillons — six de Garde Mobile — 21 de
Garde Nationale — dont les numéros et les effectifs sont indiqués ci-après :

GARDE MOBILE.

Seine-Inférieure.	3ᵉ bataillon.	1,200 h.
	4ᵉ —	1,100
Vienne.	2ᵉ —	1,000
Seine-et-Oise. . .	3ᵉ —	1,000
	5ᵉ —	370
	6ᵉ —	1,400

GARDE NATIONALE.

2ᵉ bataillon.	Effectif. . .	1,200 h.
3ᵉ —	— . . .	1,100
8ᵉ —	— . . .	1,400
33ᵉ —	— . . .	1,500
35ᵉ —	— . . .	1,450
37ᵉ —	— . . .	1,550
70ᵉ —	— . . .	1,320
90ᵉ —	— . . .	1,390
91ᵉ —	— . . .	1,485
92ᵉ —	— . . .	1,500
100ᵉ —	— . . .	1.790
112ᵉ —	— . . .	1,485
113ᵉ —	— . . .	1,500
132ᵉ —	— . . .	1,410
148ᵉ —	— . . .	1,500
149ᵉ —	— . . .	1,540
155ᵉ —	— . . .	1,720
171ᵉ —	— . .	885
184ᵉ —	— . .	1,500

207ᵉ bataillon. . . . . . .   Effectif. . . 1,740 h.
222ᵉ   —   . . . . . .   — . . . 1,290
Rueil. . . . .   — . . . 505
Argenteuil.. . . . . . .   — . . . 350
Versailles. . . . .   — . . . 255

Enfin, vers le 15 octobre, alors que, d'une part — les travaux de défense et l'armement de l'enceinte étaient terminés, la troisième formation des bataillons de la garde nationale opérée, le service des dépôts du Secteur confié à la 6ᵉ compagnie des douaniers casernés bastion 49, et d'autre part — les bataillons des Gardes Mobiles de la Seine-Inférieure, de la Vienne et de Seine-et-Oise ainsi que le 111ᵉ bataillon de la garde nationale ou Bataillon des Postes, les uns distraits et l'autre dispensé du service du rempart;

Les forces du 5ᵉ Secteur, constituées et régularisées, s'élevèrent à 48,340 hommes, effectif ainsi composé :

Artillerie. . . . . . .   7 batteries . . . . 1,450 h.
Garde nationale. . . . .   24 bataillons. . . . 41,000
Auxiliaires du génie. . .   4 —   5,800
Douaniers. . . . . . .   1 compagnie. . . . 90

dont voici successivement les numéros d'ordre et désignations, les cadres et les effectifs partiels :

ARTILLERIE.

1° 1ʳᵉ *batterie des Gardes Mobiles du Rhône.*

MM. DELOCRE, commandant. . . . . ⎫
    GORAND, capitaine.. . . . . ⎬ 225 h.
    CAZENEUVE, lieutenant en 1ᵉʳ. . . . . ⎪
    LORENZ, lieutenant en 2ᵉ. . . . . . ⎭

2° 2ᵉ *batterie des Gardes Mobiles du Rhône, ou 1ʳᵉ compagnie de pontonniers.*

MM. PAILLOTIN, capitaine. . . . . ⎫
    GIRARDON, lieutenant en 1ᵉʳ. . . . . ⎬ 245 h.
    BONNARDEL, lieutenant en 2ᵉ. . . . . ⎭

3°   3ᵉ *batterie des Gardes Mobiles du Rhône, ou* 2ᵉ *compagnie*
de pontonniers.

MM. SANIAL DU FAY, capitaine. . . . . ⎫
     DE LA ROCHETTE, lieutenant en 1ᵉʳ. . . . ⎬ 195 h.
     HOFFHER, lieutenant en 2ᵉ. . . . . . ⎭

4°   1ʳᵉ *batterie de la* 5ᵉ *compagnie d'Auxiliaires.*

MM. ROGER, capitaine en 1ᵉʳ. . . . . ⎫
     SIMON, capitaine en 2ᵉ. . . . . . . ⎪
     GOURD, lieutenant en 1ᵉʳ. . . . . . ⎬ 270 h.
     SAMUEL, lieutenant en 1ᵉʳ. . . . . . ⎪
     DURUTY, lieutenant en 2ᵉ. . . . . . ⎪
     SCHONS, lieutenant en 2ᵉ. . . . . . ⎭

5°   2ᵉ *batterie de la* 5ᵉ *compagnie d'Auxiliaires.*

MM. TERRIOU, capitaine en 1ᵉʳ. . . . . . . ⎫
     KIFFRE, capitaine en 2ᵉ. . . . . . . ⎪
     VIMARD, lieutenant en 1ᵉʳ. . . . . . ⎬ 270 h.
     MOREAU, lieutenant en 1ᵉʳ. . . . . . ⎪
     MARULAZ, lieutenant en 2ᵉ. . . . . . ⎪
     LEFRAPPER, lieutenant en 2ᵉ. . . . . . ⎭

6°   1ʳᵉ *batterie du* 6ᵉ *Régiment.*

MM. VINCENT, capitaine. . . . . ⎫
     POULET, sous-lieutenant. . . . . . . ⎬ 100 h.
     DUPUIS, sous-lieutenant. . . . . . . ⎭

7°   13ᵉ *batterie du* 15ᵉ *Régiment.*

MM. DE TESSIÈRES, capitaine . . . . ⎫
     GUIARD, sous-lieutenant. . . . . . . ⎪
     VALLERAND, sous-lieutenant . . . . . ⎬ 145 h.
     PLY, sous-lieutenant. . . . . . . ⎭

Ensemble. . . 1,450 h.

GARDE NATIONALE.

8e arr.	2e bat.	MM. KOLLER, chef de bataillon. . . . . VENTURINI, adjudant-major. . . .	1,270 h.
8^e arr.	3^e bat.	MM. DE SAINT-GENIES, chef de bataillon. ENGLINGER, adjudant-major. . . .	1,200 h.
2^e arr.	8^e bat.	MM. SIMON, chef de bataillon. . . . . . LACARRE, adjudant-major.	1,450 h.
17^e arr.	33^e bat.	MM. ANNER, chef de bataillon. . . . . DUPUY, adjudant-major.	1,500 h.
22^e arr.	35^e bat.	MM. SAVIGNOL, chef de bataillon. . . . GOEB, adjudant-major.	1,535 h.
22^e arr.	37^e bat.	MM. FRANCILLON, chef de bataillon. . . FLOUR, adjudant-major.	2,080 h.
1er arr.	70^e bat.	MM. THIERRY, chef de bataillon. . . . . GEYLER, adjudant-major.	1.380 h.
17^e arr.	90^e bat.	MM. PASTURIN, chef de bataillon. . . . LANTELME, adjudant-major. . . .	1,640 h.
17^e arr.	94^e bat.	MM. VANTENAC, chef de bataillon. . . . CHANTIER, adjudant-major. . . .	1,670 h.
2^e arr.	92^e bat.	MM. ROUX, chef de bataillon. . . . . . GRAMACCINI, adjudant-major. . .	2,080 h.
2^e arr.	100^e bat.	MM. POISSON, chef de bataillon. . . . . BLOCH, adjudant-major.	1,840 h.
1er arr.	112^e bat.	MM. GOUBAUD, chef de bataillon. . . . FRADIN, adjudant-major.	1,480 h
1er arr.	113^e bat.	MM. PHILIPPON, chef de bataillon. . . GIRARDIN, adjudant-major.	1,310 h.
22^e arr.	132^e bat.	MM. ROUSIOT, chef de bataillon. . . . FRANCART, adjudant-major. . . .	1,440 h.
2^e arr.	148^e bat.	MM. DELACOUR, chef de bataillon. . . . LEBOURGEOIS, adjudant-major. . .	2,400 h.
2e arr.	149e bat.	MM. QUEVAUVILLERS, chef de bataillon. CADET, adjudant-major.	3,000 h.
17e arr.	155e bat.	MM. RAUBLOT, chef de bataillon. . . . CIOLINA, adjudant-major.	1,650 h.

1er arr. 174e bat.	MM. DOURADOU, chef de bataillon. . . LÉVY, adjudant-major.	880 h.

<table>
<tr><td>1er arr. 174e bat.</td><td>MM. Douradou, chef de bataillon. . . }
Lévy, adjudant-major. . . . . . }</td><td>880 h.</td></tr>
</table>

1er arr. 174e bat. { MM. DOURADOU, chef de bataillon. . . } 880 h.
                                     { LÉVY, adjudant-major. . . . . . }

2e arr. 184e bat. { MM. NOIROT, chef de bataillon. . . . } 2,470 h.
                                    { DUBOIS, adjudant-major. . . . . }

1er arr. 196e bat. { MM. BEAUDOIN, chef de bataillon. . . . } 1,420 h.
                                     { ROBILLARD, adjudant-major. . . . }

17^e arr. 207^e bat. { MM. DULAU, chef de bataillon. . . . } 1,750 h.
                                     { CHEVALIER, adjudant-major. . . . }

17^e arr. 222^e bat. { MM. CATOIS, chef de bataillon. . . . } 1,370 h.
                                     { DE BUSSY, adjudant-major. . . . . }

17^e arr. 223^e bat. { MM. FLOTTE, chef de bataillon. . . . } 1,410 h.
                                     { PAGANELLI, adjudant-major. . . . }

17^e arr. 227^e bat. { MM. WIMPHEN, chef de bataillon. . . . } 1,250 h.
                                     { PETITJEAN, adjudant-major. . . . }

Argenteuil. . .   M. DERIVEAU, commandant . . . . . .   460 h.

Rueil. . . . .   M. LERUDE, commandant. . . . . .   570 h.

Versailles. . . . { MM. DINNAT, commandant. . . . . . } 560 h.
                  { WITTMANN, adjudant-major. . . . }

Auxiliaires du génie.

17e arr. 244e bat. { MM. SURDIN, chef de bataillon. . . . . } 1,750 h.
                                     { BRINDEAU, adjudant-major. . . . }

17e arr. 257e bat. { MM. MONTARLOT, chef de bataillon. . . } 1,350 h.
                                     { MONGES, adjudant-major. . . . . }

17e arr. 259e bat. { MM. FREMENY, chef de bataillon. . . . } 1,150 h.
                                     { TOURNÉ, adjudant-major. . . . . . }

8e arr. 260e bat.   M. DE LA CHÈRE, chef de bataillon. .   1,550 h.

Douaniers.

6e compagnie. . .   M. DARRICART, capitaine commandant.   90 h.

La constitution définitive de ces forces était à peine achevée
que, vers la fin d'octobre, la défense entrant dans une période

d'opérations où l'enceinte fortifiée n'allait plus être qu'une ligne de soutien, les bataillons de la garde nationale, sur leur demande, furent appelés à coopérer aux mouvements de l'armée.

La création des Régiments de Paris les scinda alors en *Bataillons de guerre* et en *Bataillons sédentaires*, les premiers destinés à augmenter le nombre des combattants au dehors, les seconds devant seulement garder et défendre au besoin le rempart.

Mais, en réalité, ce ne fut que le 26 novembre que les bataillons de guerre prirent une part active à la lutte.

Voici quelles furent les modifications résultant du mouvement opéré sur les bataillons du 5e Secteur.

Les bataillons de guerre aux effectifs partiels ci-après indiqués, concoururent à composer, en tout ou partie, les Régiments de Paris, formés en général de quatre bataillons, dont les numéros suivent :

3e *régiment.*

M. DESSIGNOLLE, lieutenant-colonel.

2e bataillon.   8e bataillon.   M. SIMON, commandant .   . .   540 h.

4e *régiment.*

M. SAUNIER, lieutenant-colonel.

4e bataillon. Versailles et Saint-Cloud. M. DINNAT, commandant.   415 h.

6e *régiment.*

M. MOSNERON-DUPIN, lieutenant-colonel.

3e bataillon.   111e bataillon.   MM. LOISEAU, commandant. ⎫
4e   —   196e   —   PHILIPPON,   —   ⎬ 500 h

7ᵉ *régiment.*

M. BOURSIER, lieutenant-colonel.

3ᵉ bataillon.	112ᵉ bataillon.	MM. GOUBAUD, commandant .	460 h.
4ᵉ —	196ᵉ —	FAVROTTE, —	425

12ᵉ *régiment.*

M. LAMBERT, lieutenant-colonel.

3ᵉ bataillon.	37ᵉ bataillon.	MM. FRANCILLON, command.	500 h.
4ᵉ —	132ᵉ —	ROUSIOT, —	520

18ᵉ *régiment.*

M. LANGLOIS, lieutenant-colonel.

2ᵉ bataillon.	35ᵉ bataillon.	M. SAVIGNOL, commandant. .	465 h.

20ᵉ *régiment.*

M. QUEVAUVILLERS, lieutenant-colonel.

1ᵉʳ bataillon.	149ᵉ bataillon.	MM. QUEVAUVILLERS, comm.	515 h.
3ᵉ —	148ᵉ —	DELACOUR, —	495

23ᵉ *régiment.*

M. CATOIS, lieutenant-colonel.

1ᵉʳ bataillon.	222ᵉ bataillon.	MM. CATOIS, commandant . .	495 h.
2ᵉ —	91ᵉ —	VANTENAC, —	495
4ᵉ —	207ᵉ —	DULAU, —	485

24ᵉ *régiment.*

M. FLOTTE, lieutenant-colonel.

1ᵉʳ bataillon.	223ᵉ bataillon.	M. FLOTTE, commandant. .	400 h.

28e *régiment.*

M. DE SAINT-GENIÈS , lieutenant-colonel.

1er bataillon.	3e bataillon.	MM. DE SAINT-GENIÈS, comm.	400 h.
2e —	2e —	KOLLER, —	265
3e —	171e —	DOURADOU, —	500

29e *régiment.*

M. ROUX, lieutenant-colonel.

1er bataillon	92e bataillon.	MM. ROUX, commandant . .	500 h.
2e —	70e —	THIERRY, — . .	480
3e —	100e —	POISSON, — . .	460
4e —	181e —	NOIROT, — . .	500

32e *régiment.*

M. ANNER, lieutenant-colonel.

1er bataillon.	33e bataillon.	M. ANNER, commandant. . .	500 h.

39e *régiment.*

M. GROS, lieutenant-colonel.

3e bataillon.	155e bataillon.	MM. RAULLOT, commandant .	470 h.
4e —	257e —	MONTARLOT, — .	430

43e *régiment.*

M. PASTURIN, lieutenant-colonel.

1er bataillon.	90e bataillon.	M. PASTURIN, commandant. .	400 h.

51e *régiment.*

M. DESFORGES, lieutenant-colonel.

4e bataillon.	227e bataillon.	M. WIMPHEN, commandant. .	415 h.

Ensemble : 12,000 hommes environ.

Dès lors, les bataillons sédentaires, réduits aux effectifs indiqués plus loin, formèrent le nouveau groupe de forces aux-

quelles incombait le service et la défense du rempart et des postes de l'intérieur ;

Bataillon	MM.	Capitaines commandants faisant fonctions de chefs de bataillons.	MM.	Adjudants-majors.	
2e bataillon.	MM.	RAMBAUT.	MM.	DECORMON	. 940 h.
3e	—	DELAPORTE.			. 550
8e	—	PATAILLE.		JERAMEC .	. 725
33e	—	COUVERT.		MORLET .	. 860
35e	—	LEROY.		GROUSEY .	. 490
37e	—	CHOBERT.		LEHEC . .	. 760
70e	—	COSTE.		JAMET . .	. 650
90e	—	DUMONT.		SUZARELLI	. 650
91e	—	DEPRELLE.		GENET . .	. 975
92e	—	ROSWACQ.		ROSE . .	. 1100
100e	—	PRIEUR.		BLOCH . .	. 1213
112e	—	GUNZBERGER.			660
113e	—	VINANT.		GIRARDIN .	. 700
132e	—	FRANCART.		FRANCARD .	. 823
148e	—	HELIN.		JAMES . .	. 980
149e	—	GUILBAUT.		LACOUR .	. 890
155e	—	BARON.		HABERT .	. 493
171e	—	PRETET.		LÉVY . .	. 950
181e	—	DURIMAUX.		MAGINAT .	. 586
196e	—	BEAUDOIN.		PETIT . .	. 1140
207e	—	CLEMENCET.		CHOUQUET .	. 740
222e	—	ROCHÉ.		LEBEL . .	. 390
223e	—	NIVELON.		ANGELLE .	. 500

Ensemble . . . 17,760 hommes.

C'est avec ce dernier effectif que le service fut fait jusqu'au 23 janvier, date à laquelle M. le général Vinoy prit le Commandement en chef de l'Armée de Paris, en remplacement du Gouverneur de Paris, nommé Président du Gouvernement.

Après la malheureuse affaire de Buzenval, c'en était fait de la résistance de la ville. Les préliminaires de l'Armistice — qui allait être conclu définitivement le 28 janvier — étaient sur le point d'être signés. Dès lors les Régiments de Paris n'yant plus de raisons d'être, furent dissous, et les compagnies de guerre, réunies désormais aux compagnies sédentaires, recomposèrent les bataillons de la garde nationale tels qu'ils étaient formés au 1ᵉʳ octobre.

Quinze jours après la reddition de Paris, par décision du Commandant en chef, M. le contre-amiral Le Couriault du Quilio était relevé, le 15 février, du commandement du 5ᵐᵉ Secteur, et M. le général Bocher, général de brigade de la division Susbielle, lui succédait dans ces fonctions.

Les circonstances ayant bien changé, de nouvelles mesures devaient nécessairement suivre:

C'est ainsi que, par un ordre en date du 24 février, le général Commandant en chef l'Armée de Paris donna aux Secteurs, dont la délimitation première avait été tracée de manière à répondre aux nécessités les plus urgentes de la défense, une nouvelle organisation. En conséquence, le 5ᵐᵉ Secteur ne comprit plus que les 8ᵐᵉ et 17ᵐᵉ arrondissements et ses forces se composèrent exclusivement des bataillons de la garde nationale appartenant à ces deux arrondissements.

L'armistice conclu, les communications rétablies avaient entraîné, de la part des officiers comme des simples gardes, de nombreuses démissions et d'aussi nombreuses défections. Aussi, le 25 février, les bataillons des 8ᵐᵉ et 17ᵐᵉ arrondissements, réduits aux effectifs suivants, formaient-ils toutes les forces du secteur:

8ᵉ *Arrondissement.*

2ᵉ bat. MM. KOLLER,	comm , VENTURINI, adj.-maj.			400 h.
3ᵉ bat.	DE SAINT-GENIÈS,	—	ENGLINGER, —	300
4ᵉ bat.	D'AVRIL,	—	FONTAINE, —	700
69ᵉ bat.	DE SOULANGES,	—	DURIS, ..	350
74ᵉ bat.	LASCOLS,	·—	CHIFFE, —	880
224ᵉ bat.	DESPRETS,	—·	DUPONT, —	600
260ᵉ bat.	DE LA CHÈRE,	—	VALLÉE, —	50
Rueil-Argenteuil, M. LERUDE, commandant				800

17ᵉ Arrondissement.

33ᵉ bat.	MM. ANNER,	comm.,	DUPUY,	ad.-maj.	500 .
34ᵉ bat.	MEDARD,	—	LAMY,	—	800
35ᵉ bat.	LEROY,	—	BRESSIER,	—	700
36ᵉ bat.	POMMIER,	—	BOUTAIRE,	—	200
37ᵉ bat.	FRANCILLON,	—	FLOUR,	—	700
90ᵉ bat.	PASTURIN,	..	MATHIEU,	—	700
91ᵉ bat.	VAN-TENAC,	—	CHANTIER,	—	900
132ᵉ bat.	ROUSIOT,	—	FRANCARD,	—	1200
155ᵉ bat.	RAULLOT,	—	CIOLINA,	—	560
207ᵉ bat.	DULAU,	—	CHEVALIER,	—	1180
222ᵉ bat.	CATOIS,	—	DE BUSSY,	—	900
223ᵉ bat.	FLOTTE,	—	PAGANELLI,	—	700
235ᵉ bat.	FOUBERT,	—	DERVAUX,	—	250
244ᵉ bat.	Marius POULET,	—	BRINDEAU,	—	800
257ᵉ bat.	MONTARLOT,	—	MONGIR,	—	1100

Ensemble : 15,270 hommes.

Dès cette époque, bien que le service du Secteur eût été allégé par le fait de la rentrée, dans Paris, de toutes nos troupes qui occupèrent les baraquements construits pour la garde nationale, il n'en existait pas moins déjà, dans les bataillons de la garde nationale, de graves symptômes d'indifférence, d'indiscipline, qui, pour tout esprit doué de quelque observation, étaient les avant-coureurs certains de la crise effroyable qui devait éclater avant peu. Cependant, il devenait plus nécessaire, chaque jour, que l'organisation de la garde nationale, sur laquelle pesait l'exécution du service de la Place de Paris, restât intacte et que la discipline y fût plus que jamais respectée. Toutefois, c'est justice de dire que le service du 5ᵉ Secteur, depuis sa nouvelle réorganisation jusqu'au 15 mars, — à part quelques défaillances inévitables, — fut vraiment fait avec une abnégation et un dévouement que, seules, peuvent expliquer les solides qualités et la bienveillance si courtoise qu'officiers comme simples gardes reconnaissaient tous à l'envi chez M. le général Bocher.

Mais le 5ᵉ Secteur devait encore une fois changer de commandant.

Le 15 mars, en raison du départ des officiers généraux de l'armée chargés du commandement des Secteurs, M. le général d'Aurelles de Paladines, Commandant Supérieur des Gardes Nationales, désigna, pour prendre le commandement intérimaire, dans chaque Secteur, les officiers de son état-major, et le 5ᵉ Secteur fut confié à M. Delchet (Auguste), lieutenant-colonel d'état-major de la garde nationale.

A cette dernière date, le service du Secteur était loin d'être diminué et facilité; bien au contraire, la garde des dépôts de munitions non encore évacués, des parcs d'artillerie munis encore de pièces et de projectiles, des baraquements menacés chaque nuit de pillage, cela joint à des désordres éclatant sur différents points, notamment aux Champs-Élysées, au Parc Monceau, en avaient multiplié les exigences, et cependant il fallut y faire face avec le dernier effectif suivant, composé seulement des bataillons recrutés dans les 8ᵉ et 17ᵉ arrondissements, les bataillons formés par la garde nationale de la banlieue, les 34ᵉ, 35ᵉ, 36ᵉ, 37ᵉ, 132ᵉ, 235ᵉ, Rueil et Argenteuil, ayant été rapatriés :

8ᵉ *Arrondissement.*

2ᵉ bataillon.	MM. KOLLER,	chef de bataillon.	. .	400 h.
3ᵉ —	DE SAINT-GENIÈS,	—	. . .	300
4ᵉ —	D'AVRIL,	—	. . .	600
69ᵉ —	DE SOULANGES,	—	. . .	350
71ᵉ —	LASCOLS,	—.	. . .	800
221ᵉ —	DESPRETS,	—	. . .	600
260ᵉ —	DE LA CHÈRE,	—	. . .	50

17e Arrondissement.

33e bataillon.	MM. ANNER,	chef de bataillon.	. .	500 h.
90e —	PASTURIN,	—	. . .	200
91e —	VAN-TENAC,	--	. . .	700
155e —	RAULLOT,	—	. . .	500
207e —	CLÉMENCET,	—	. . .	900
222e —	CATOIS,	—	. . .	900
223e —	FLOTTE,	—	. . .	700
244e —-	Marius POULET,	..	. . .	800
257e ...	MONTARLOT,	—	. . .	400

Ensemble : 8,700 hommes.

C'est avec ces derniers bataillons que, le 17 mars, furent formées pour le lendemain, les lignes de défense du Secteur.

En résumé, le 5e Secteur eut donc deux périodes distinctes, la première — de son origine à la reddition de la ville, — la seconde, — de cette date néfaste à celle plus néfaste encore de l'Insurrection du 18 mars.

Pendant le siége, composées d'artillerie, d'infanterie et même de cavalerie, les forces se recrutèrent diversement parmi les corps de ces différentes armes et furent les suivantes :

ARTILLERIE.

2 batteries de ligne des 6e et 15e Régiments.
3   —   de garde mobile. Garde mobile du Rhône.
2   —   dites auxiliaires. Artilleurs en retraite.

INFANTERIE.

6 bataillons de garde mobile. Seine-Inférieure, Vienne, Seine-et-Oise.
25   —   de garde nationale. Paris et banlieue.
4   —   —   Auxiliaires du génie.
1 compagnie de douaniers. Basses-Pyrénées.

CAVALERIE.

4 escadrons. Légion de cavalerie de la garde nationale.

Après l'Armistice, le Secteur ayant perdu, de fait, sa signification première, il ne fut plus qu'un commandement militaire ayant pour forces d'occupation les troupes de ligne réar-
mées et casernées sur son territoire, et les bataillons de la
garde nationale appartenant aux arrondissements que comprenait sa délimitation nouvelle.

Dans la journée du 18 mars, l'Armée et la Garde Nationale
n'eurent pas la même tâche et les mêmes devoirs; mais il n'en
est pas moins vrai que le nombre de baïonnettes que réunis-
sait encore le 5e Secteur, était plus que suffisant, non-seulement pour maintenir l'ordre sur son propre territoire, mais
encore pour concourir efficacement à sauver Paris des épreuves
sanglantes et terribles qu'il eût à traverser, et dont la responsabilité incombe à de criminelles ambitions que les hommes
d'ordre ne surent, à la vérité, ni combattre à temps, ni répri-
mer avec énergie.

CHAPITRE IV

Armement et munitions.

ARMEMENT ET MUNITIONS

Au 1ᵉʳ août 1870, les bataillons de la Garde Nationale qui, au nombre de 40, avaient fait jusqu'à ce jour, le service de Paris, étaient encore armés de fusils à percussion à canon lisse !

Ce fait seul démontre clairement l'impossibilité matérielle dans laquelle les commissions se trouvèrent d'armer, en deux mois, 250 bataillons de fusils à tir rapide et surtout d'un même modèle, condition première d'un bon armement.

Le service obligatoire, s'il eût été décrété dès la première marche de l'ennemi sur Paris, eût, selon moi, réduit à sa juste proportion cette difficulté d'armement insurmontable dans les conditions où elle était posée.

En effet, dès le 15 août, fut opéré l'échange des fusils à percussion à canon lisse, armes sans signification, contre des fusils transformés dits à tabatière ; et, peu de jours après l'investissement, le nombre de ces armes à tir rapide s'élevait à 100,000 environ, nombre suffisant pour armer convenablement les hommes qui eussent été rappelés sous les drapeaux.

De plus, il existait bien 100,000 autres fusils se chargeant par la bouche, il est vrai, mais à canons rayés et, pour ce, grandement susceptibles de bien armer les citoyens auxquels était confié le service du rempart et des postes de l'intérieur de la ville.

Or, si au chiffre cité plus haut, 100,000 fusils à tabatière, on ajoute 150,000 chassepots dont étaient armées les troupes de ligne et de garde mobile, 20,000 autres chassepots ou Snyders remis entre les mains des 50 corps de francs-tireurs, éclaireurs ou bataillons isolés — corps qui, avec le service obligatoire, n'auraient pas eu de raisons d'être, — on atteint le chiffre total de 270,000 fusils à tir rapide, nombre, il faut bien le reconnaître, plus que suffisant pour soutenir un siége, exécuter une série d'opérations où l'artillerie, sans attendre les progrès de notre époque, a, de tout temps, joué toujours le premier rôle.

C'était donc un parti pris de répéter que l'armement, comme mousqueterie, était insuffisant. Sans aucun doute, le fusil dit à tabatière, — en réalité, système Snyder, — est inférieur au Modèle 1866 ou chassepot; mais encore, comme arme à tir rapide, ce fusil était très-susceptible d'un bon service derrière des abris naturels ou artificiels. Pour prouver qu'il n'était pas au-dessous de l'emploi qui en fût fait, il suffit de rappeler que le terrain des environs de Paris est partout vallonné, coupé de murs, de parcs ou de jardins, bâti d'innombrables villas, etc., ce qui limite déjà beaucoup le tir; ensuite, qu'à 600 mètres, le rayon visuel, pour la majeure partie des hommes, ne permet pas un tir sûr et réglé, et enfin, que c'est bien moins dans la longue portée de l'arme que dans la juste et parfaite appréciation de la distance qui sépare le tireur du but à frapper, que réside l'excellence et l'efficacité du tir aux grandes distances.

En somme, lorsqu'on envisage les résultats obtenus, on peut affirmer que l'armement et l'approvisionnement des feux, comme artillerie et mousqueterie, resteront toujours, quelques critiques qu'on en puisse faire, une des difficultés résolues les plus considérables de la défense de Paris.

Tout ou presque tout était à faire, et, grâce à la direction aussi intelligente que dévouée des Corps de l'artillerie et du Génie et des Commissions du Ministère des travaux publics, tout fut fait en tirant le meilleur parti possible des éléments si incomplets et si divers dont on pouvait seulement disposer.

Le 5e Secteur, ainsi que tous ses congénères, eut un armement très-varié, tel, en un mot, que les difficultés de la situation le créaient forcément.

Voici quel il fut pour l'artillerie et la mousqueterie.

ARTILLERIE.

Canons rayés de 24.	6	pièces.
— de 12 de place	18	—
— de 12 de siége	5	—
Obusiers de 15 millimètres.	32	—
Mortiers de 32 —	6	—
— de 27 —	4	—
— de 15 —	2	—

Ensemble 73 bouches à feu divisées ainsi qu'il suit en 7 batteries :

1re *batterie.*

1re batterie des Mobiles du Rhône.

Canons rayés de 24.	1	
— de 12 de place.	5	11.
Obusiers de 15 millimètres	4	
Mortiers de 32 —	1	

2e *batterie.*

13e compagnie du 15e Régiment.

Canons rayés de 24.	1	
— de 12 de place.	1	8.
Obusiers de 15 millimètres	4	
Mortiers de 32 —	1	

3º *batterie.*

2º batterie des Mobiles du Rhône.

Canons rayés de 24 1
—   de 12 de place. 1
—   de 12 de siége. 2   } 12.
Obusiers de 15 millimètres 4
Mortiers de 32   —   2
—   de 15   —   2

4º *batterie.*

1ʳᵉ batterie de la 5ᵉ compagnie Auxiliaires.

Canons rayés de 12 de place. 5
Obusiers de 15 millimètres. 4   } 11.
Mortiers de 32   —   1
—   de 27   —   1

5º *batterie.*

2ᵉ batterie de la 5ᵉ compagnie Auxiliaires.

Canons rayés de 24. 3
—   de 12 de place. 2
—   de 12 de siége. 2   } 16.
Obusiers de 15 millimètres. 6
Mortiers de 27   —   3

6ᵉ *batterie.*

3º batterie des Mobiles du Rhône.

Canons rayés de 12 de place. 3   } 10.
Obusiers de 15 millimètres 7

7ᵉ *batterie.*

1ʳᵉ batterie du 6ᵉ Régiment.

Canons rayés de 12 de place. 1
—   de 12 de siége. 1   } 5.
Obusiers de 15 millimètres 3

Ces bouches à feu, en position sur une ligne bastionnée d'un peu plus de 3 kilomètres, occupèrent les points suivants :

1re batterie.

Courtine 45-46.	Coupée par la porte d'Asnières. .	2 c. r. de 12. 1 m. de 32.
Bastion 46.	Flanc droit	2 ob. de 15.
	Face droite	1 c. r. de 24. 1 c. r. de 12.
	Saillant.	1 c. r. de 12.
	Face gauche	1 c. r. de 12.
	Flanc gauche.	2 ob. de 15.

(*Planche II.*)

2e batterie.

Courtine 46-47.	. . . .	2 m. de 32.
Bastion 47.	Flanc droit	2 ob. de 12. 1 c. r. de 24.
	Face unique	1 c. r. de 12.
	Flanc gauche	2 ob. de 15.

(*Planche III.*)

3e batterie.

Courtine 47-48.	Coupée par la porte de Courcelles .	1 m. de 32. 2 m. de 15. 1 m. de 32.
Bastion 48.	Flanc droit	1 ob. de 15. 2 c. r. de 12. 1 ob. de 15. 1 c. r. de 24.
	Face unique	1 c. r. de 12.
	Flanc gauche.	2 ob. de 15.

(*Planche IV.*)

4ᵉ *batterie.*

Courtine 48-49.	Coupée par la porte de Champerret.	2 c. r. de 12. 1 m. de 32.
Bastion 49.	Flanc droit.	2 ob. de 15.
	Face droite	1 c. r. de 12.
	Saillant.	1 c. r. de 12.
	Face gauche	1 c. r. de 12.
	Flanc gauche	2 ob. de 15.
Courtine 49-50.	Coupée par la porte de Villiers . .	1 m. de 27.

(Planche V.)

5ᵉ *batterie.*

Bastion 50	Flanc droit	2 ob. de 15.
	Face unique	1 c. r. de 12.
	Saillant.	1 c. r. de 24.
	Flanc gauche	2 ob. de 15.
Courtine 50-51.	Porte des Ternes à droite	1 c. r. de 12.
	— à gauche. . . .	1 c. r. de 12 1 m. de 27.
Bastion 51.	Flanc droit.	2 ob. de 15.
	Face unique	1 c. r. de 12.
	Flanc gauche.	2 ob. de 15.
Courtine 51-52.	Porte de Neuilly à droite	1 m. de 27. 1 c. r. de 24

(Planches VI et VII.)

6ᵉ *batterie*

Courtine 51-52.	Porte de Neuilly à gauche. . . .	1. c r. de 24. 1 m. de 27.
Bastion 52.	Flanc droit	2 ob. de 15.
	Face unique	1 c. r. de 12.
	Flanc gauche.	2 ob. de 15.

(Planche VIII.)

Bastion 53.	Flanc droit	2 ob. de 15.
	Face droite	1 c. r. de 12.
	Saillant.	1 c. r. de 12.
	Flanc gauche	1 ob. de 15.

(Planche IX.)

7ᵉ *batterie.*

Bastion 54.	Flanc droit	2 ob. de 15.
	Face droite	1 c. r. de 12.
	Flanc gauche	{ 1 c. r. de 12. 1 ob. de 15.

(Planche X.)

GARDE NATIONALE.

Au 20 octobre, alors qu'il fût décidé que les gardes nationaux seraient admis comme volontaires à prendre part activement aux opérations de l'armée, la mousqueterie du 5ᵉ Secteur était composée de sept systèmes d'armes dont chacun d'eux comptait les nombres de fusils ci-après indiqués :

PL. — Fusils à percussion à canon lisse.	10,272.
PR. — — à canon rayé.	10,176.
T. — Fusils à tabatière.	12,386.
CT. — Carabines à tabatière	300.
CD. — Carabines de dragons à canon lisse	268.
CH. — Chassepots ou modèle 1866.	360.
SN. — Snyders.	1,344.

Ensemble : 35,100 fusils environ.

Ainsi répartis entre les diverses compagnies d'un même bataillon :

	PL	PR	T	CT	CD	CH	S	Total.
2e bataillon.	»	»	1200	»	»	»	»	1200 fs.
3e —	»	»	1100	»	»	»	»	1100
8e —	»	»	1380	»	»	20	»	1400
33e —	»	»	1500	»	»	»	»	1500
35e —	650	»	600	100	»	»	100	1450
37e —	»	350	1310	200	»	2	»	1862
70e —	»	1320	»	»	»	»	»	1320
90e —	»	1415	195	»	»	4	»	1614
91e —	1302	185	»	»	»	»	»	1485
92e —	250	»	1500	»	»	»	»	1750
100e —	1790	»	»	»	»	»	»	1790
112e —	»	1480	»	»	»	»	»	1480
113e —	»	863	447	»	»	»	»	1310
132e —	»	1170	162	»	»	78	»	1410
148e —	»	»	1000	»	»	80	420	1500
149e —	170	619	500	»	268	»	»	1557
155e —	1542	»	105	»	»	»	»	1647
171e —	»	»	60	»	»	»	824	880
181e —	1500	»	»	»	»	»	»	1500
196e —	»	»	967	»	»	»	»	967
207e —	150	1240	360	»	»	»	»	1750
222e —	1290	»	»	»	»	»	»	1290
223e —	830	»	»	»	»	»	»	830
227e —	378	672	»	»	»	»	»	1050
Argenteuil.	»	360	»	»	»	»	»	360
Rueil.	»	505	»	»	»	35	»	540
Versailles.	400	»	»	»	»	150	»	550

Maintenant si l'on compare, à la même date, le nombre d'hommes avec le nombre de fusils que comptait chaque bataillon, il en ressort des différences notables; néanmoins on verra que le chiffre total des fusils à tir rapide, Tabatières,

Chassepots, Snyders, est encore de beaucoup supérieur à l'effectif des compagnies de guerre que fournit le 5ᵉ Secteur pour la composition des Régiments de Paris.

MUNITIONS.

L'approvisionnement des feux fut assuré, pour l'Artillerie, par des parcs, des magasins à poudre et des poudrières, pour les Bataillons de la garde nationale, par des dépôts de cartouches.

Ce service, assez largement organisé, différa dans son installation.

Les parcs, poudrières et magasins étaient situés, sauf le parc Wagram, dans les terre-pleins ou les banquettes des bastions.

Les dépôts de cartouches furent établis dans des maisons réquisitionnées, les unes aux abords de la fortification, les autres dans l'intérieur du Secteur, et toutes choisies parmi les locaux qui offraient non-seulement le plus d'espace et de facilité pour l'emmagasinement, mais surtout le plus d'avantages pour approvisionner les lignes de défense.

ARTILLERIE.

L'artillerie eut pour ses besoins :

2 parcs	. . . .	ou **PA**.
2 magasins à poudre	. . . .	ou MP.
12 Poudrières	. . . .	ou P.
16 Magasins de batteries	. . . .	ou MB.

Parcs.

Le premier parc contenant des pièces de réserve et un nombre considérable de projectiles oblongs chargés et non chargés, était situé dans le quadrilatère formé par les rues Brémontier, Jouffroy, le boulevard de Malesherbes et l'avenue Wagram, d'où sa dénomination de parc Wagram.

Le second parc ne contenant que des projectiles, occupait la partie du terre-plein du bastion 49, à gauche de la caserne des douaniers, n° 7.

Magasins à poudre.

Les deux magasins à poudre avaient été ménagés, l'un, dans l'angle de la Courtine 47-46 et du flanc gauche du bastion 47, l'autre, dans la même position, Courtine 49-48, bastion 49.

Poudrières.

Elles étaient situées :

N°ˢ 1.	Bastion 46.	Coin droit de la face et du flanc.
2. }	Bastion 48.	{ Coin droit de la face et du flanc.
3. }		{ Coin gauche de la face et du flanc.
4. }	Bastion 49.	{ Milieu de la face droite.
5. }		{ Coin gauche de la face et du flanc.
6.	Courtine 50-49. . .	Angle droit de la courtine et flanc droit.
7.	Bastion 51.	A droite de la caserne de l'octroi.
8.	Bastion 52.	Bord extérieur du terre-plein.
9.	Courtine 53-52. . .	Angle de la courtine.
10. }	Courtine 54-53. . .	{ Angle droit de la courtine.
11. }		{ Angle gauche de la courtine.
12.	Bastion 54.	Face gauche.

Magasins de batteries.

N°ˢ 1.	Courtine 46-45.	Face gauche.
2.	Bastion 46.	Face gauche.
3.	Bastion 47.	Angle gauche.
4.	Courtine 48-47.	Face.
5.	Bastion 48.	Coin de l'angle gauche.
6.	Courtine 48-49.	Coin de l'angle gauche.
7.	Bastion 49.	Face gauche.

Nᵒˢ 8.   Courtine 49-50. . . . . .   Coin de l'angle gauche.
     9.   Courtine 50-51. . . . . .   Coin de l'angle gauche.
    10.   Bastion 51. . . . .   Face.
    11.   Bastion 52. . . . .   Face.
    12.   Bastion 52. . . . .   Terre-plein du bastion.
    13.   Courtine 52-53. . . . . .   Coin de l'angle gauche.
    14.   Bastion 53. . . . .   Face droite.
    15.   Courtine 54-53. . . . . .   Coin de l'angle gauche.
    16.   Bastion 54. . . . .   Angle droit.

La quantité de munitions que contenaient ces parcs, poudrières et magasins, en gargousses, projectiles sphériques ou
oblongs, boîtes à mitraille, etc., ne s'élevait pas à moins de
400 coups par pièce soit 30,000 coups environ.

Quant à l'approvisionnement des feux pour la mousqueterie, il était assuré par les six dépôts de cartouches suivants :

Dépôt nᵒˢ 1.   Boulevard Péreire, 98.
   —   2.   Rue de Courcelles, 204.
   —   3.   Boulevard Gouvion Saint-Cyr, 8.
   —   4.   Rue Pergolèse, 56.
   —   5.   Rue Legendre, 20.
   —   6.   Rue Beaujon, 18.

Ces dépôts dont la position n'était pas irréprochable, au
point de vue de la facile et prompte alimentation des feux, —
seulement pour les troupes chargées de défendre le centre de
la ligne des bastions, — étaient parfaitement organisés et
munis, avec une grande entente, de tout le matériel régle-
mentaire.

Au 20 novembre, alors que les Régiments de Paris furent
appelés à prendre part aux opérations de l'armée, ces 6 dépôts
étaient approvisionnés de 2,622,916 cartouches de divers
modèles et ainsi réparties :

Dépôt	PL	PR	T	CT	CD	CH	SN
N. 1	17,990	133,000	38,286	514,170	7,200	2,736	10,250
2.	»	225,522	341,400	»	»	»	»
3.	»	90,270	325,032	»	»	»	»
4.	259,480	43,242	53,436	42,864	4,182	8,442	30,326
5.	31,680	29,754	156,420	18,048	»	»	6,000
6.	31,130	30,384	139,830	15,792	4,200	2,880	6,000
	340,280	552,142	1,054,404	590,874	15,582	14,058	52,576

2,622,916.

L'armistice ayant déterminé la suppression des dépôts nᵒˢ 5 et 6, et, par suite de l'occupation prussienne, ceux qui étaient situés Cité Pergolèse et boulevard Gouvion Saint-Cyr ayant été évacués et versés aux nᵒˢ 1 et 2, le 5ᵉ Secteur ne comptait plus, au 1ᵉʳ mars, que ces deux derniers magasins, lorsque la nouvelle délimitation des Secteurs vint, de nouveau, en augmenter le nombre, et, au 17 mars, tels étaient les chiffres donnés par leur inventaire :

	PL	PR	T	CT	CH	SN	CD
Porte St-Ouen . .	34,550	231,620	159,768	»	46,890	11,950	»
Caserne Bᵒⁿ 40. .	49,490	37,640	9,420	»	»	6,000	»
R. Nollet, 103. .	2,654	26,250	5,685	35,450	»	»	»
Aven. Clichy,160.	»	22,007	»	»	£	»	»
Bastion 45. . . .	520	1,750	2,765	»	»	»	»
Porte de Clichy..	»	1,600	1,580	»	»	»	»
Dépôt Péreire ou nᵒ 1.. . . .	209,990	222,942	539,542	255,762	12,838	22,960	15,618
Dépôt Courcelles ou nᵒ 2. . . .	98,506	259,998	351,480	»	7,453	»	»
	395,740	803,807	1,070,240	291,212	67,181	40,910	15,618

2,684,678 cartouches.

CHAPITRE V

Campement.

CAMPEMENT

Le 5ᵉ Secteur, soit au point de vue de la défense, soit au point de vue de l'occupation, offrait — pour abriter comme pour loger des troupes — des ressources considérables.

Sa ligne de fortification était mamelonnée de 50 pos'es casematés et casemates ;

Des abris blindés, au nombre de 24 dont 16 renforcés de tôle boulonnée, avaient été ménagés dans ses talus ;

Au milieu des terres-pleins des bastions s'élevaient 4 belles et vastes casernes ;

Enfin sa Rue Militaire et tous les terrains vagues de son territoire étaient occupés par 16 baraquements.

Les casemates, bâties sur les remparts ou ménagées dans les banquettes, furent construites par le Génie Militaire et spécialement consacrées pour abriter l'artillerie.

Quant aux postes casematés qui n'étaient autres que les bureaux et passages d'octroi des portes d'Asnières, de Courcelles, de la Révolte, de Champerret, de Villiers, de Sablonville, des Ternes et de Neuilly, ils avaient été aménagés par le Génie de la place de Paris et quoique exécutés à la hâte, ils n'ont nécessité aucunes réparations.

Il n'en fut pas de même pour les abris blindés et surtout pour les baraquements de la Rue Militaire. Aussi mal compris que mal construits par le Service Municipal des ponts et chaussées de la ville, les uns comme les autres ne furent qu'une source de réclamations et de dépenses. Toutefois, il est juste de dire que les baraquements élevés sur tous les autres points de l'intérieur étaient beaucoup mieux réussis. Quant aux casernes, elles existaient déjà bien avant l'investissement de la ville et avaient toujours été consacrées en partie au casernement des compagnies de douaniers et de la gendarmerie.

Cependant, malgré tous ces moyens, on s'était vu obligé de réquisitionner, indépendamment des hôtels destinés à loger les officiers de l'État-Major du Secteur ou de différents services, huit maisons tant pour y établir les dépôts de cartouches que pour y loger les postes destinés à leur garde.

Comme postes casematés, casemates, abris blindés, casernes et baraquements, voici, dans l'ordre, les ressources particulières qu'offraient la ligne des Bastions, la Rue Militaire et l'Intérieur de chaque division des forces, c'est-à-dire, Aile droite, Centre et Aile gauche, avec le nombre d'hommes qui pouvaient s'y abriter ou s'y loger :

AILE DROITE.

Ligne bastionnée.	Courtine 45-46.	1 baraque de l'avancée	20 h.
		1 poste casematé de la Porte d'Asnières.	35
		1 abri blindé p. la garde nationale .	40
	Bastion 46. . .	6 casemates.	30
		2 abris casematés pour l'artillerie. .	40
		1 caserne	600
	Courtine 46-47.	2 casemates	10
		1 abri blindé p. la garde nationale .	40
	Bastion 47. . .	3 casemates.	20
		1 abri casematé pour l'artillerie . .	30
	Courtine 47-48.	1 poste casematé de la Porte fermée de Courcelles	100
		4 casemates	25
		4 abris blindés p. la garde nationale.	150
	Bastion 48. . .	1 poste casematé de la Porte fermée de la Révolte	50
		4 casemates	20

Rue Militaire.

Bastion 46. . .	5 baraques p. la garde nationale. .	300 h.
Bastion 47. . .	5 baraques p. la garde nationale. .	300
Quartier du Commandant . .	1 maison réquisitionnée, n° 14 . .	»
Dépôt n° 2. . .	1 maison réquisitionnée, n° 204 . .	»
Courtine 47-48.	19 baraques, n° 9	1100
Bastion 48. . .	4 baraques pour la garde nationale .	250

Intérieur.

Dépôt n° 1. . . . Bould Péreire .	1 maison réquisitionnée, n° 98. . .	»
Poste du dépôt.	1 maison réquisitionnée, n° 104 . .	40
Péreire-Ampère	23 baraques, n° 1	1400
Ampère-Bremontier . .	22 — — 2	1300
Malesherbes-Wagram .	23 — — 3	1400
Péreire-Wagram . . .	22 — — 4	1300
Wagram-Prony	10 — — 5	600
Wagram-Jouffroy . . .	7 — — 6	400
Courcelles-Wagram . .	29 — — 7	1700
Neuilly-Prony	19 — — 10	1100
Malesherbes-Legendre.	42 — — 11	2300
Neuilly-Cardinet. . . .	10 — — 10	600
Dépôt n° 5. . . . . . . Rue Legendre.	1 maison réquisitionnée, n° 20.	20
Dépôt n° 6. . . . . . . Rue Beaujon.	1 maison réquisitionnée, n° 18.	20

CENTRE.

Ligne des bastions.

Courtine 48-49.	1 baraque de l'avancée	20 h.
	2 postes casematés de la Porte de Champerret.	50
	1 casemate.	5
Bastion 49 . . .	3 casemates	15
	1 abri casematé pour l'artillerie . .	40
	1 caserne	300
Courtine 49-50.	1 baraque de l'avancée	20
	1 poste casematé de la Porte de Villiers	30
	1 casemate	5
	1 abri blindé p. la garde nationale .	40

Ligne des bastions (suite).	Bastion 50 . .	3 casemates	15 h.
		1 abri casematé pour l'artillerie . .	40
	Courtine 50-51.	1 poste casematé de la Porte fermée de Sablonville	80
		2 abris blindés p. la garde nationale.	80
		1 casemate	5
		1 baraque de l'avancée	20
		2 postes casematés de la Porte des Ternes	60
		1 casemate	5
		1 abri blindé p. la garde nationale .	40
	Bastion 51 . . .	2 casemates	10
		1 caserne	6(0
	Courtine 51-52.	1 casemate.	5
Rue militaire.	Bastion 49 . . .	5 baraques p. la garde nationale. .	300
	Quartier du Commandant	1 maison réquisitionnée, n° 31 . .	»
	Bastion 50 . . .	4 baraques p. la garde nationale . .	300
	Bastion 51 . . .	4 — — . .	300
	Dépôt n° 3 . . .	1 maison réquisitionnée, n° 8. . .	»
Intérieur.	Neuilly-Louvain	3 baraques, n° 8.	150
	Poste du Quartier Général, rue Rennequin . .	1 maison réquisit. n° 46 . .	40
	Quartier Général du Secteur. . . . . Avenue Mac-Mahon . .	1 hôtel réquisitionné, n° 74 .	»
	Annexe de l'État-Major, rue Demours	1 hôtel réquisitionné, n° 21 .	»
	Quartier de l'État-Major de l'Artil° et du Génie.	1 hôtel réquisitionné, n° 7. . .	»

AILE GAUCHE.

Ligne des bastions.	Courtine 51-52. . .	1 baraque de l'avancée.	20 h.
		2 postes casematés de la Porte de Neuilly.	100
	Bastion 52.	1 casemate.	25
		1 abri blindé p. la garde nat. . .	25
	Courtine 52-53. . . .	1 abri casematé p. l'artillerie . .	5
		2 abris blindés p. la garde nat. .	100
	Bastion 53.	3 casemates.	15
		1 abri blindé p. la garde nat. . .	50
		1 caserne.	800
	Courtine 53-54 . . .	2 casemates.	10
		2 abris blindés p. la garde nat. .	100
	Bastion 54.	3 casemates.	15
Rue Militaire.	Bastion 54.	4 baraques de la garde nat. . . .	300
	Poste du bastion 52. Avenue Malakoff. . .	1 maison réquis., nos 145-147. .	100
Intérieur.	Dépô n° 4. . . . . . Cité Pergolèse. . . .	1 maison réquisitionnée, n° 56. .	»
	Poste du dépôt. . . . Même cité.	1 maison réquisitionnée, n° 52. .	40
	Maison d'arrêt. . . . Rue Pergolèse. . . .	1 maison réquisitionnée, n° 53. .	15
	Usine à gaz. . . . . Boul. de Courcelles.	1 baraque.	15
	Usine à gaz. . . . . Avenue Wagram. .	1 baraque.	20
	Magasins. . . . . . Rue Laugier.	1 atelier de menuiserie.	20

En résumé, tous ces locaux — qui ne furent réellement occupés que le jour où, en observation des clauses de l'Armistice. nos troupes devant rentrer en-deçà de l'enceinte de la ville, les divisions Bertaut et Susbielle y furent cantonnées, — pouvaient soit abriter, soit loger, un effectif de 19,490 hommes ainsi répartis :

Aile droite. . . . . 15,140 hommes.
Centre. . . . . 2,575 —
Aile gauche. . . . . 1,775 —

Pendant la durée du siége ne furent occupés et munis de leur matériel de campement que les postes suivants :

AILE DROITE.

	Lits.	Capotes.	Poéles.	Lampes.	Falots.
Avancée d'Asnières	22	3	1	1	»
Poste de la Porte d'Asnières . .	32	8	»	2	1
Baraquement du bastion 46 . .	178	13	5	5	2
— du bastion 47 . .	178	14	5	5	2
Quartier du Commandant . . .	2	»	»	1	2
Poste de la Porte de Courcelles et du dépôt n° 2	32	3	»	2	1
Baraquement du bastion 48 . . .	178	13	5	5	2
Poste du dépôt n° 4	40	3	»	2	1
— n° 5	22	2	»	2	1

CENTRE.

	Lits.	Capotes.	Poéles.	Lampes.	Falots.
Avancée de Champerret	22	3	1	1	»
Poste de la Porte Champerret .	40	7	1	2	1
Baraquement du bastion 49 . .	164	15	5	5	2
Quartier du Commandant . . .	2	»	1	1	2
Avancée de Villiers.	22	3	1	1	»
Poste de la Porte de Villiers . .	22	3	1	1	1
Baraquement du bastion 50 . . .	130	12	4	4	2
Avancée des Ternes	22	3	1	1	»
Poste de la Porte des Ternes. .	40	6	»	6	1
Baraquement du bastion 51. . .	170	10	5	5	2
Poste du Quartier Général . . .	45	3	»	3	1

AILE GAUCHE.

	Lits.	Capotes.	Poêles.	Lampes.	Falots.
Avancée de Neuilly.	22	3	1	1	»
Poste de la Porte de Neuilly . .	98	10	»	3	1
Poste du bastion 52.	70	9	2	3	1
Poste caserne du bastion 53 . .	210	8	2	8	1
Baraquement du bastion 54 . .	130	13	3	3	2
Quartier du Commandant. . . .	2	»	»	2	1
Poste du dépôt nº 4.	35	3	»	1	1
Poste de la maison d'arrêt . . .	15	2	2	1	1
Postes de l'Usine à gaz.	40	4	»	·	2
Magasins Laugier	22	2	1	1	1
Poste du dépôt nº 6	22	2	»	1	1

Ensemble :

	Lits.	Capotes.	Poêles.	Lampes.	Falots.
Aile droite	684	59	16	25	12
Centre	679	65	20	28	12
Aile gauche.	656	56	11	24	12

Total :

2,019 lits. — 180 capotes. — 47 poêles. — 77 lampes. — 36 falots.

CHAPITRE VI

Ambulances.

AMBULANCES

Le véritable point de départ de l'organisation des ambulances, sur l'étendue du 5ᵉ Secteur, était tout indiqué par la division même en sections de la ligne de ses bastions.

Sur un point déterminé, à l'Aile droite, au Centre, à l'Aile gauche, et enfin à l'intérieur, devaient être établis, dans des locaux réquisitionnés *ad hoc*, de véritables postes médicaux où, toutes les 24 heures, auraient été relevés de leur service, en même temps que les Bataillons auxquels ils appartenaient, les Officiers de santé chargés de donner les premiers soins, soit à des blessés, soit à des malades.

Ces postes médicaux, bien entendu, eussent été largement approvisionnés de remèdes et confiés à des préposés élevés en pharmacie désignés pour ce service en permanence.

Mais il n'en fut pas ainsi, et à tort, comme le prouve suffisamment la rédaction de l'article 1ᵉʳ de la Consigne des ambulances, article conçu en vue de remédier à une organisation boiteuse et libellé en ces termes :

« Tout bataillon de service est tenu d'avoir, jour et nuit,
« un chirurgien et cinq hommes de corvée dont un caporal,
« dans un lieu bien connu de tous les chefs de poste fournis
« par le bataillon dans l'étendue du Secteur. »

Ce lieu *bien connu* est un perpétuel point d'interrogation. Or, l'humanité commande, lorsqu'il s'agit surtout de secourir des hommes en service, qu'ils soient blessés ou tombés malades, de savoir d'une manière précise là et où ils seront assurés de recevoir, sans perte de temps ni marches et contre-marches, les soins qui leur sont dûs.

Au contraire, la création de postes médicaux fixes et situés bien à portée de tous les points occupés par le même bataillon, leur emplacement signalé à tous et au Rapport et par la Con-signe de chaque poste, non-seulement eût remédié à cette lacune, mais était une garantie du fonctionnement régulier de ce service de cinq hommes ou brancardiers, excellente mesure qui n'eut jamais qu'une exécution illusoire.

L'établissement des ambulances volantes ou *ambulances de rempart*, créées par la Mairie de Paris et occupées en permanence par un médecin et un infirmier, suppléa, en partie, à ce défaut d'organisation. Postes médicaux dont l'entrée était ouverte à tous les blessés sans distinction, les chirurgiens et aide-chirurgiens de tous les corps y avaient libre accès pour donner des soins à tous leurs hommes qui y étaient transportés.

Ces ambulances de rempart, au nombre de 9, étaient appelées à desservir les points suivants :

Bastion 46.   Rue d'Asnières, 148
  —   47.   Boulevard Berthier, 99.
  —   48.   Rue Fontaine, 12.
  —   48.   Boulevard de Neuilly, 133.
  —   49.   Boulevard de Gouvion Saint-Cyr, 40.
  —   50.   Boulevard de Gouvion Saint-Cyr, 20.
  —   51.   Avenue des Ternes, 98 bis.
  —   52.   Avenue Malakoff, 132.
  —   53.   Boulevard de Lannes, en face bastion 53.

En outre, le service de santé de l'Armée de Paris désigna,

pour le 5e Secteur, et plaça sous la direction de M. le Dr Barberet, comme Médecin en chef, trois hôpitaux sur lesquels devaient être évacués les malades atteints d'affections contagieuses, ainsi que trois ambulances sises à proximité du rempart.

Ces hôpitaux et ces ambulances étaient :

Hôpital Beaujon ;
Hôpital du Gros-Caillou ;
Hôtel des Invalides;
Rue de Villiers, 43, et avenue des Ternes, 93 ;
Boulevard Péreire, 221 ;
Avenue de la Grande-Armée, 81.

De plus, furent affectées aussi au 5e Secteur les ambulances fixes connues sous les désignations suivantes :

MUNICIPALES CENTRALES.

Boulevard de Neuilly, 80. . . . . ayant 40 lits.
Rue de Villiers, 28. . . . .   —   160 lits.

COMITÉ ÉVANGÉLIQUE.

Boulevard des Batignolles, 47 et 49. . . . . 300 lits.
Rue Demours, 16. . . . .   10 lits.

COMITÉ DE LA PRESSE.

Boulevard Péreire, 119. . . . . 160 lits.

INTERNATIONALES.

Rue de Tilsit, 7 et 18. . . . . 20 lits.
Rue de la Pelouse, 8. . . . . 24 lits.

AMBULANCE AMÉRICAINE FIXE ET VOLANTE.

Avenue Uhrich, 36.

MUNICIPALES DE PASSY.

Avenue Uhrich, 64. . . . . 22 lits.

Enfin, des ambulances particulières, soit volantes, soit fixes, entre autres :

Rebours-Guisselin, avenue de la Grande-Armée, 83 ;
Bersier, chapelle évangélique, av. de la Grande-Armée, 45 ;   30 lits.
Baron Caruel de Saint-Martin, 7, av. de la Reine-Hortense ;   12 lits.

Bien d'autres ambulances particulières, sans aucun doute, existaient encore sur d'autres points du Secteur. L'initiative individuelle, pour l'organisation des secours aux blessés ou aux malades, ne fit certes pas défaut aux défenseurs de Paris. Loin de là. Mais elle échappa souvent à une réglementation qui non seulement était indispensable au point de vue du service, mais encore sauvegardait l'honneur de chacun, traçait la véritable ligne de démarcation existant de fait entre les personnes qui n'avaient d'autre but que servir l'humanité, venir en aide au pauvre soldat blessé ou malade, et celles qui agissaient sous l'empire de sentiments peu honorables.

En tout cas, conformément aux Instructions de M. l'Intendant Général de l'Armée de Paris, toutes les ambulances ne devaient exister qu'à la condition d'être ouvertes, ainsi que tous les autres postes médicaux du Secteur, à tout blessé, à tout malade, exigeant des soins immédiats, et l'exécution rigoureuse de cet ordre eût rendu à chacun sa véritable place.

CHAPITRE VII

Organisation du service.

CHAPITRE VII

Organisation du service.

6

ORGANISATION DU SERVICE

L'organisation proprement dite du service, — sous le commandement de M. le général Ambert — ne fut que ce qu'elle
pouvait être, une succession d'ordres soit généraux et com-
muniqués au Rapport, soit particuliers et donnés à mesure
que les exigences du moment les nécessitaient.

Ni le temps voulu, ni la dissémination des éléments ne
permirent à l'honorable général et à son zélé chef d'état-major
de poser les assises d'une organisation devenue, chaque jour,
plus indispensable par cet enchevêtrement de services, armement, munitions, campement, distribution de postes, etc.,
auquel ajoutait encore un imbroglio indescriptible de personnes allant, venant, s'agitant, toutes tendant, par des voies
différentes, vers un même but et auxquelles il était du devoir
de répondre, mais qu'il eût fallu surtout toutes satisfaire.

Dans de telles conditions, on devait se contenter d'aller —
comme on dit — au plus pressé et c'était tout.

Ce ne fut vraiment que vers le commencement d'octobre,
alors que le contre-amiral Le Couriault du Quilio avait rem-
placé depuis quelque temps M. le général Ambert, que nous
pûmes, en travaillant, démêler tous les fils mis chaque jour

en mouvement, les classer, régler leur jeu, en un mot, organiser le service.

La défense du rempart étant le but principal du service du 5ᵉ Secteur, la ligne de ses bastions fut le point de départ obligé de son organisation.

Composée des neuf bastions.

54, 53, 52, 51, 50, 49, 48, 47, 46,

cette partie de la fortification fut divisée en 3 sections :

1ʳᵉ section ou bastions. . . . . 48, 47, 46.
2ᵉ   —   — 51, 50, 49,
3ᵉ   —   —   . . . . 54, 53, 52.

et, suivant le même ordre, avantageux à observer pour donner aux troupes une parfaite connaissance de leurs postes de combat, les bataillons :

2ᵉ, 3ᵉ, 8ᵉ, 33ᵉ, 35ᵉ, 37ᵉ, 70ᵉ,
90ᵉ; 91ᵉ, 92ᵉ, 100ᵉ, 112ᵉ, 113ᵉ, 132ᵉ,
148ᵉ, 149ᵉ, 155ᵉ, 171ᵉ, 181ᵉ, 196ᵉ, 207ᵉ,
222ᵉ, 223ᵉ, 227ᵉ, 244ᵉ, 257ᵉ Rueil, Argenteuil, Versailles;

et les batteries d'artillerie :

Nᵒˢ 1ᵉʳ, 2ᵉ, 3ᵉ. . . . . de la Garde Mobile du Rhône;
Nᵒˢ 1 et 2 . . . . de la 5ᵉ compagnie d'Auxiliaires;
Nᵘ 1. . . . . du 6ᵉ Régiment;
Nᵒ 13. . . . . du 15ᵉ Régiment ;

furent groupés en trois séries correspondantes :

1ʳᵉ *Série.*

2ᵉ, 33ᵉ, 70ᵉ, 92ᵉ, 113ᵉ, 149ᵉ, 181ᵉ, 222ᵉ, 224ᵉ, Argenteuil,
1ʳᵉ et 2ᵉ Batteries du Rhône et 13ᵉ du 15ᵉ Régiment.

2ᵉ *Série.*

3ᵉ, 35ᵉ, 90ᵉ, 100ᵉ, 132ᵉ, 155ᵉ, 196ᵉ, 223ᵉ, 257ᵉ, Rueil,
1ʳᵉ et 2ᵉ batteries de la 5ᵉ compagnie d'Auxiliaires.

3ᵉ *Série.*

8ᵉ, 37ᵉ, 91ᵉ, 112ᵉ, 148ᵉ, 171ᵉ, 207ᵉ, 227ᵉ, 259ᵉ, Versailles,
3ᵉ Batterie du Rhône et 1ʳᵉ Batterie du 6ᵉ Régiment.

Toutefois, il fut distrait des bataillons, un certain nombre
d'entre eux formant la

4ᵉ *Série* ou *Réserve.*

autant pour occuper, en cas d'attaque, les lignes secondaires
de défense du Secteur que pour assurer le service de l'intérieur de Paris.

La division du mur d'enceinte — par sections — de même
que le partage des forces — par séries — exigeant une délimitation bien définie des points respectifs à défendre, le territoire militaire du Secteur, en son entier, fut fractionné en
trois parties correspondant à chaque groupe de bastions et
désignées ainsi qu'il suit :

AILE DROITE.

De la Courtine 45-46 par l'avenue de Wagram, les boulevards de Malesherbes et Courcelles, la rue de Courcelles, le
boulevard de Neuilly et la Courtine 48-49.

CENTRE.

De la Courtine 49-50 par le boulevard de Neuilly, la rue de
Courcelles, le boulevard de Courcelles, l'avenue des Ternes,
la rue Saint-Ferdinand et la Courtine 51-52.

AILE GAUGHE.

De la Courtine 51-52 par la rue Saint-Ferdinand, l'avenue des Ternes, les boulevards de Courcelles, de Malesherbes, les avenues de Friedland et de la Grande-Armée à la Porte Dauphine.

Chacune de ces divisions du territoire du Secteur comprenait donc non-seulement des postes de rempart, mais encore des postes intérieurs.

Ces postes ont été pour les bataillons :

AILE DROITE.

Poste de l'avancée de la Porte d'Asnières,
Poste de la Porte d'Asnières,
Poste du bastion 46,
Poste du bastion 47,
Quartier du Commandant, boulevard Berthier, n° 31.
Poste du dépôt n° 2, rue de Courcelles, n° 204,
Poste du bastion 48,
Poste du dépôt n° 1, boulevard Péreire, n° 98,
Poste du dépôt n° 5, rue Legendre, n° 20.

(*Planche XI*)

CENTRE.

Poste de l'avancée de Champerret,
Poste de la Porte de Champerret,
Poste du bastion 49,
Quartier du Commandant, boulevard Gouvion Saint-Cyr, 40,
Poste de l'avancée de la Porte de Villiers,
Poste de la Porte de Villiers,
Poste du bastion 50,
Poste de l'avancée de la porte des Ternes,
Poste de la Porte des Ternes,
Poste du bastion 51,
Poste du quartier général, rue Rennequin, 46.

(*Planche XII.*)

AILE GAUCHE.

Poste de l'avancée de la Porte de Neuilly,
Poste de la Porte de Neuilly,
Poste du bastion 52, avenue Malakof, 147 et 149,
Poste du bastion 53.
Quartier du Commandant, Villa Saïd,
Poste du dépôt n° 4, Villa Saïd, n° 52,
Poste de la Maison d'arrêt, rue Pergolèse, n° 53,
Poste du bastion 54,

Postes de l'Usine à gaz. { Boulevard de Courcelles, 188,
Avenue Wagram, 204,
Magasins Laugier,   rue Laugier, 18,
Poste du dépôt n° 6.

(*Planche XIII.*)

Enfin les postes formant la

4ᵉ *Série* ou *Réserve*,

situés tous dans l'intérieur de Paris, furent les suivants :

Poste du Ministère de l'Intérieur,
Poste du Garde-Meuble,
Poste de la Mairie du 8ᵉ arrondissement,
Tuileries, Poste du Guichet de l'Echelle,
—   Poste du Pont Tournant,
—   Poste du Théâtre,
—   Poste de Marengo,
—   Poste de la Cour Napoléon,
—   Poste du Guichet du Sud,
—   Poste de la Cour Caulaincourt,
—   Poste de la Mairie du 1ᵉʳ arrondissement,
—   Poste du Gouverneur de Paris,
—   Poste du Guichet de l'Horloge.

Quant aux postes de l'Artillerie, ce furent seulement des postes de rempart ainsi répartis :

AILE DROITE.

Courtine 46-45. (Gauche de la Porte d'Asnières).
Bastion 46.
Courtine 46-47.
Bastion 47.
Courtine 47-48. (Coupée par la Porte fermée de Courcelles.)
Bastion 48.

CENTRE.

Courtine 48-49. (Coupée par la Porte de Champerret.)
Bastion 49.
Courtine 49-50. (Coupée par la Porte de Villiers.)
Bastion 50.
Courtine 50-51. (Coupée par la Porte des Ternes.)
Bastion 51.

AILE GAUCHE.

Courtine 51-52. (Coupée par la Porte de Neuilly).
Bastion 52.
Courtine 52-53.
Bastion 53.
Courtine 53-54.
Bastion 54. Flanc gauche coupé par la Porte Dauphine.

Les bataillons de la garde nationale, groupés ainsi qu'il a été dit plus haut — en 4 séries, leur division, en vue d'assurer le service de semaine, fut ainsi faite :

Jours.	Aile gauche.	Centre.	Aile droite.	Intérieur.
Lundi	8e	3e	2e	181e
Mardi	37e	35e	33e	196e
Mercredi	91e	90e	70e	207e
Jeudi.	112e	100e	92e	222e
Vendredi. . . .	148e	132e	113e	223e
Samedi.	171e	155e	149e	227e

de plus, les bataillons Rueil, Argenteuil, Versailles, étaient désignés de piquet de trois jours l'un, à tour de rôle, afin d'avoir toujours 500 hommes sous la main pour parer aux éventualités.

La défense des bastions, la surveillance des portes, la garde des postes intérieurs du Secteur et de Paris, ayant été jugées exiger les effectifs suivants :

Aile droite. . .   Cadres non compris. . . . . 650 h.
Centre. . . . .   —   650
Aile gauche . .   —   630
Intérieur . . .   —   600

soit ensemble 2,530 hommes à fournir, chaque jour, par les bataillons commandés. Telle fut leur répartition, par poste, avec les cadres :

AILE DROITE.

	Officiers.	Sergents.	Caporaux.	Gardes.
Avancée d'Asnières.	1	1	2	20
Porte d'Asnières	1	2	4	30
Bastion 46	4	4	8	175
Bastion 47	4	4	8	175
Porte de Courcelles				
Dépôt nº 2.	1	1	2	30
Bastion 48	4	4	8	175
Dépôt nº 1	1	2	4	35
Dépôt nº 6 . . . . , . .	1	1	2	20

CENTRE.

	Officiers.	Sergents.	Caporaux.	Gardes.
Avancée de Champerret	1	1	2	20
Porte de Champerret	1	2	5	40
Bastion 49	4	4	8	160
Avancée de Villiers	1	1	2	20
Porte de Villiers	1	1	2	20
Bastion 50	3	3	6	125
Avancée des Ternes	1	1	2	20
Porte des Ternes	1	2	5	40
Bastion 51	4	4	8	165
Quartier général ⎱ Rue Rennequin ⎰	1	2	5	40

AILE GAUCHE.

	Officiers.	Sergents.	Caporaux.	Gardes.
Avancée de Neuilly	1	1	2	20
Porte de Neuilly	2	2	4	100
Bastion 52	2	2	4	70
Bastion 53	4	4	8	200
Dépôt n° 4	1	2	4	30
Maison d'arrêt	»	1	2	10
Bastion 54	3	3	6	125
Usine à gaz ⎰ b^d Courcelles	1	1	2	20
⎱ avenue Wagram	»	1	2	15
Magasin Laugier	1	1	2	20
Dépôt n° 6	1	1	2	20

INTÉRIEUR DE PARIS.

	Officiers.	Sergents.	Caporaux.	Gardes.
Ministère de l'Intérieur	2	2	6	60
Garde-Meuble	»	1	2	30
Mairie du 8e arrondissement	1	2	4	50
Guichet de l'Échelle	1	2	4	45
Pont Tournant	2	2	5	50
Théâtre	1	2	4	40
Marengo	1	2	4	40

	Officiers.	Sergents.	Caporaux.	Gardes.
Cour Napoléon	v	1	2	20
Guichet du sud	2	2	6	85
Cour Caulaincourt.	1	1	2	20
Mairie du 1er arrondissement . . .	1	2	2	30
Gouverneur de Paris	1	2	2	30
Guichet de l'Horloge	2	2	6	100

Les effectifs de chaque poste étant renouvelés tous les vingt-quatre heures, il était indispensable, dans l'intérêt du service, de fixer le nombre et la pose des factionnaires, ce qui a été fait de la manière suivante :

AILE DROITE.

Avancée d'Asnières.

1 factionnaire sur la banquette. . . . . de jour.
2 — sur la banquette. . . . . de nuit.
1 factionnaire devant les armes. . . . . de jour et nuit.

Porte d'Asnières.

1 factionnaire à la barrière. . . . . . . : . . . . . . de jour.
1 — au pont-levis. . . . . —
2 — entrée et sortie. . . . . —
1 — à la porte. . . . . de nuit.
1 planton. . . . . de jour.
1 factionnaire en tête de la rue d'Asnières. . . . . . . —
1 — en tête de l'avenue Wagram. . . . . . . —

Bastion 46.

1 factionnaire devant les armes. . . . . de jour et nuit.
9 — sur la banquette. . . . . —
3 — devant la caserne. . . . . —

Bastion 47.

1 factionnaire devant les armes. . . . . —
1 — quartier du Commandant . . . . —
9 — sur la banquette . . . . —
2 — terre-plein du bastion. . . . . —
1 — en tête de l'avenue Gourgaud. . . . . . de jour.

Porte de Courcelles et dépôt n° 2.

1 factionnaire devant les armes. . . . . de jour et nuit.
1   —   devant le dépôt. . . . .   —
1   —   en tête de la rue de Courcelles. . . . . .   —

Bastion 48.

1 factionnaire devant les armes. . . . .   —
10   —   sur la banquette. . . . .   —
1   —   en tête de l'avenue de la Révolte. . . . de jour.
1   —   en tête du boulevard de Neuilly. . . . .   —

Dépôt n° 4.

1 factionnaire devant les armes. . . . . de jour et nuit.
1   —   devant le dépôt. . . . .   —
1   —   à l'intérieur. . . . .   —

Dépôt n° 6.

1 factionnaire devant les armes. . . . . , de jour et nuit.
1   —   devant le dépôt. . . . .   —
1   —   à l'intérieur. . . . . de nuit.

CENTRE.

Avancée de Champerret.

1 factionnaire sur la banquette. . . . . de jour.
2   —   sur la banquette . . . . de jour et nuit.
1   —   devant les armes. . . . .   —

Porte de Champerret.

1 factionnaire à la barrière. . . . . de jour.
2   —   au pont-levis. . . . .   —
2   —   entrée et sortie. . . . .   —
1   —   à la porte. . . . . de nuit.
1 planton   à la porte. . . . . de jour.

Bastion 49.

1 factionnaire devant les armes. . . . . de jour et nuit.
9   —   sur la banquette. . . . .   —
2   —   à droite et à gauche de la caserne. . . .   —
1   —   quartier du Commandant. . . . . . .   —
1   —   écuries de l'état-major. . . . .   —
1   —   magasins Louvain. . . . .   —

Avancée de Villiers.

1 factionnaire sur la banquette. . . . . de jour.
2   —   sur la banquette. . . . . de jour et nuit.
1   —   devant les armes. . . . .   —

Porte de Villiers.

1 factionnaire à la barrière. . . . . de jour.
1   —   au pont-levis. . . . .   —
1   —   à la porte. . . . . de jour et nuit.

Bastion 50.

1 factionnaire devant les armes. . . . .   —
9   —   sur la banquette. . . . .   —
1   —   terre-plein du bastion. . . . .   —

Avancée des Ternes.

1 factionnaire sur la banquette. . . . . de jour.
2   —   sur la banquette. . . . . de jour et nuit.
1   —   devant les armes. . . . .   —

Porte des Ternes.

1 factionnaire à la barrière. . . . . de jour.
2   —   au pont-levis. . . . .   —
2   —   entrée et sortie. . . . . de jour et nuit.
1   —   à la porte. . . . .   —
1 planton   à la porte. . . . . de jour.
1 factionnaire en tête de l'avenue. . . . .   —

Bastion 51.

1 factionnaire devant les armes. . . . . : de jour et nuit.
6   —   sur la banquette . . . .   —
2   —   à droite et à gauche de la caserne . . .   —
1   —   devant le dépôt, n° 3 . . . .   —

Quartier général.

1 factionnaire devant les armes . . . . de jour et nuit.
2   —   devant le quartier. . . . .   —

AILE GAUCHE.

Avancée de Neuilly.

1 factionnaire sur la banquette . . . . de jour.
2   —   sur la banquette . . . . de jour et nuit.
1   —   devant les armes . . . .   —

Porte de Neuilly.

1 factionnaire à la sortie de la barrière . . . . de jour.
1   —   à l'entrée   —   . . . .   —
2   —   au pont-levis. . . . .   —
2   —   à l'entrée et à la sortie . . . . de jour et nuit.
2 plantons   —   . . . . de jour.
1 factionnaire devant la porte . . . . de jour et nuit.
2   —   à l'entrée de l'avenue. . . . . de jour.

Bastion 52.

1 factionnaire devant les armes . . . . de jour et nuit.
6   —   sur la banquette . . . .   —
1   —   en tête de l'avenue Malakoff . . . . . . de jour.
1   —   en tête de la rue Militaire. . . . . . . de jour.

Bastion 53.

1 factionnaire devant les armes . . . . de jour et nuit·
2   —   droite et gauche de la caserne . . . . .   —
1   —   entrée du pont . . . . de jour.
4   —   sur la banquette . . . . de jour et nuit.

Dépôt, n° 4.

1 factionnaire devant les armes . . . . de jour et nuit.
2 — droite et gauche du dépôt . . . . —
1 — quartier du Commandant. . . . . —

Maison d'arrêt.

1 factionnaire devant les armes . . . . de jour et nuit.
1 — dans l'intérieur. . . . . de jour.

Bastion 54.

1 factionnaire devant les armes . . . . de jour et nuit.
9 — sur la banquette . . . . —
1 — terre-plein du bastion . . . . —
1 — barrière limite du Secteur . . . . —

Usine à gaz.

1 factionnaire ⎫ ⎧ devant les armes . de jour et nuit.
2 — ⎬ boulv. Courcelles ⎨ intérieur de l'usine. —
2 — ⎭ avenue Wagram. devant les armes. . —

Magasin Laugier.

1 factionnaire devant les armes . . . . de jour et nuit.
1 — entrée des magasins . . . . —

Dépôt n° 6.

1 factionnaire devant les armes . . . . de jour et nuit.
1 — devant le dépôt. . . . . —

Suivant le même ordre que pour les bataillons de la garde nationale, les batteries d'artillerie furent ainsi réparties :

AILE DROITE.

1re batterie. . . . . Garde Mobile du Rhône. . . . . . . 225 h.
2e — . . . . — 245
13e — . . . . 15e Régiment 145

CENTRE.

1re batterie. . . . .   3e compagnie d'Auxiliaires . . . . .   270 h.
2e   —   . . . .   —   270

AILE GAUCHE.

3e batterie. . . . .   Garde Mobile du Rhône. . . . . . .   195 h.
1re   —   . . . .   6e Régiment.   100

Quant au service journalier des postes qui ne se relevaient que toutes les quarante-huit heures, il était ainsi composé :

AILE DROITE.

Courtine 45-46 . .	} 1 sous-officier .	{	2 chefs de pièce,	6 servants.
Bastion 46 . .		{	8 —	24 —
Courtine 46-47 . .	} 1 —	{	2 —	6 —
Bastion 47		{	6 —	18 —
Courtine 47-48 . .	} 1 —	{	2 —	6 —
Bastion 48		{	2 —	24 —

Ensemble. . .   3 sous-officiers.   28 chefs de pièce, 84 servants.

CENTRE.

Courtine 48-49 . .	} 1 sous-officier .	{	2 chefs de pièce,	6 servants.
Bastion 49		{	8 —	24 —
Courtine 49-50 . .	} 1 —	{	1 —	3 —
Bastion 50		{	6 —	18 —
Courtine 50-51 . .	} 1 —	{	3 —	9 —
Bastion 51		{	5 —	15 —

Ensemble. . .   3 sous-officiers.   28 chefs de pièce, 75 servants.

AILE GAUCHE.

Courtine 51-52 . .	1 sous-officier .	4 chefs de pièce,	12 servants.
Bastion 52		5 —	15 —
Courtine 52-53 . .	1 — .	5 —	15 —
Bastion 53			
Courtine 53-54 . .	1 — .	5 —	15 —
Bastion 54			

Ensemble. . . 3 sous-officiers 19 chefs de pièce, 57 servants.

Les factionnaires auxquels étaient confiées la surveillance des pièces en batterie et la garde des poudrières et magasins furent placés de la manière suivante :

AILE DROITE.

Courtine 45-46.

Gauche de la porte d'Asnières. { c. r. de 12. . . . . / m. de 32. . . . . } 1 factionnaire.

Bastion 46.

Flanc droit	{ ob. de 15. . . . . / c. r. de 24. . . . . }	1 factionnaire.
Angle droit du terre-plein . .	Poudrière, nᵒ 1. . .	1 factionnaire.
Face droite.	c. r. de 12. . . .	1 —
Saillant.	c. r. de 12.	1 —
Face gauche.	c. r. de 12	1 —
Flanc gauche	ob. de 15.	1 —

Courtine 46-47.

Face	m. de 32.	1 factionnaire.
Banquette	Magasin à poudre, nᵒ 1.	1 —

7

Bastion 47.

Flanc droit.	ob. de 15 . . . . . c. r. de 24	} 1	factionnaire.
Face.	c. r. de 12	1	factionnaire.
Flanc gauche.	ob. de 15	1	—

Courtine 47-48.

Gauche de la porte de Cour- celles	m. de 32 . . . . m. de 15 . . . . m. de 32	1 1	factionnaire. factionnaire.

Bastion 48.

Flanc droit	ob. de 15 . . . . c. r. de 12 . . . . ob. de 15 . . . . c. de 24	1 1 1 1	factionnaire. — — —
Banquette, angle droit. . . .	Poudrière, n° 2. . .	1	—
Face.	c. r. de 12 . . .	1	—
Banquette, angle gauche. . .	Poudrière, n° 3. . .	1	—
Flanc gauche	ob. de 15	1	—

CENTRE.

Courtine 48-49.

Face.	c. r. de 12 . . . . . m. de 32	} 1	factionnaire.

Bastion 49.

Banquette	Magasin à poudre, n° 2.	1	factionnaire.
Flanc droit.	ob. de 15	1	—
Banquette droite.	poudrière, n° 4. . .	1	—
Face droite.	c. r. de 12 . . . . . c. r. de 12	} 1	—
Saillant			
Face gauche.	c. r. de 12	1	—
Banquette gauche	Poudrière n° 5 . . .	1	—
Flanc gauche	ob. de 15	1	—

Courtine 49-50.

Droite de la Porte de Villiers.   m.   de 27 . . . . .   1 factionnaire.
Banquette, angle droit. . . .   Poudrière, n° 6. . .   1   —

Bastion 50.

Flanc droit . . . .   ob.   de 15. . . . .   1 factionnaire.
Face droite . . . .   c. r.   de 12.   1   —
Saillant. . . . .   c. r.   de 24.   1   —
Flanc gauche . . . .   ob   de 15.   1   —

Courtine 50-51.

Droite, porte des Ternes . .   c. r.   de 12. . . . .   1 factionnaire.
Gauche, porte des Ternes. .   { c. r.   de 12. . . . . } 1   —
                              { m.   de 27. . . . . }

Bastion 51.

Flanc droit . . . .   ob.   de 15. . . . .   1 factionnaire.
Angle droit de la banquette.   Poudrière, n° 7. . .   1   —
Face . . . .   c. r.   de 12.   1   —
Flanc gauche . . . .   ob.   de 15.   1   —

Courtine 51-52.

Droite de la Porte de Neuilly.   { m.   de 27 . . . . . } 1 factionnaire.
                                 { c. r.   de 24 . . . . . }

AILE GAUCHE.

Courtine 51-52.

. Gauche de la Porte de   { c. r.   de 24 . . . . . } 1 factionnaire.
   Neuilly. . . . .   { m.   de 27 . . . . . }

Bastion 52.

Flanc droit. . . . .   { ob.   de 15 . . . . . } 1 factionnaire.
                             { c. r.   de 12 . . . . . }
Face. . . . .   ob.   de 15   1   —
Banquette . . . .   Poudrière, n° 8. . . .   1   —
Flanc gauche . . . . . .   ob.   de 15   1   —

Courtine 52-53.

Banquette . . . .   Poudrière, n° 9. . . .   1 factionnaire.

Bastion 53.

Flanc droit . . . .   ob.   de 15 . . . . . ⎫
Face droite . . . .   c. r. de 12 . . . . . ⎬ 1 factionnaire.
Saillant . . . .   c. r. de 12   1   —
Flanc gauche . . . .   ob.   de 15   1   —

Courtine 53-54.

Banquette . . . .   ⎧ Poudrière, n° 10 . . . . ⎫ 1 factionnaire.
                 ⎩   —   n° 11 . . . . ⎭ 1   —

Bastion 54.

Flanc droit. . . . .   ob.   de 15 . . . . .   1 factionnaire.
Face . . . .   c. r. de 12   1   —
Banquette . . . .   Poudrière, n° 12 . . .   1   —
Refend du Secteur. . . .   ⎧ c. r. de 12. . . . . . ⎫ 1   —
                  ⎩ ob.   de 15. . . . . . ⎭

L'organisation du service dont je viens d'exposer aussi suc-
cinctement que possible et l'ensemble et les détails, subsista
telle quelle jusqu'à l'armistice ; mais lors de la rentrée de nos
troupes dans Paris, les divisions Bertaut et Susbielle occupant les baraquements qui avaient servi jusqu'à ce jour à loger les postes de la garde nationale, elle subit nécessairement
les modifications voulues par le nouvel état de choses, et le
service du 5e Secteur réduit de la garde des bastions, ne comprit plus que les postes ci-après indiqués avec leurs cadres et
leurs effectifs partiels.

Porte d'Asnières. . . .   1 sergent, 2 caporaux, 20 gardes.
Dépôt n° 1 . . . . . .   1 officier 1   —   2   —   25   —
Dépôt n° 2   1   —   2   —   15   —
Quartier général . . .   1   —   1   —   2   —   20   —
Porte de Champerret .   1   —   2   —   20   —
Porte de Villiers . . .   1   —   2   —   15   —

Porte des Ternes . . .	1 officier,	1 sergent,	2 caporaux,	20 gardes.
Dépôt n° 3.	} 1	— 2	— 4	— 30	—
Porte de Neuilly. .					
Dépôt n° 4.	1	— 1	— 2	— 20	—
Maison d'arrêt. . . .		1	— 2	— 10	—
Garde-Meuble		1	— 2	— 20	—
Guichet de l'Echelle.	1	— 2	— 5	— 40	—
Pont Tournant. . . .	2	— 2	— 4	— 30	—
Théâtre	1	— 2	— 2	— 20	—
Marengo.	1	— 2	— 2	— 15	—
Cour Napoléon. . . .		1	— 2	— 15	—
Guichet du Sud. . . .	2	— 2	— 4	— 70	—
Cour Caulaincourt. .	1	— 1	— 2	— 20	—
Piquet de l'Horloge .	2	— 1	— 4	— 70	—
Mairie du 1er arrond.	1	— 2	— 4	— 35	—
Hôtel-de-ville.	1	— 1	— 2	— 25	—
Avenue Wagram. . .	1	— 1	— 2	— 20	—
Halles centrales . . .	5	— 8	— 16	— 400	—
Palais de l'Industrie .	9	— 14	— 20	— 500	—

Ensemble 1,500 hommes de service par 24 heures.

La nouvelle délimitation des Secteurs, peu de jours après, ayant réduit le service aux postes respectifs que chaque arrondissement comprenait, les postes de l'intérieur de Paris, sauf ceux de l'avenue Wagram (magasin de vivres) et du palais de l'Industrie (réserve), furent supprimés, mais remplacés par les suivants :

Porte de Saint-Ouen	30 h. gardes.	
Bastion 40, magasin d'artillerie	20	—
Courtine 41-42 —	40	—
Bastion 41. Baraquements	50	—
Bastion 43. { —	50	—
{ Magasin d'artillerie.	40	—
Porte de Clichy	30	—
Dépôt de pétrole, gare des Batignolles.	20	—
Bastion 44. { Baraquements.	50	—
{ Magasin de l'artillerie.	40	—
Bastion 45. Dépôt de cartouches.	40	—

Pour fournir ces postes exigeant un effectif de plus de 1,100 hommes, par vingt-quatre heures, comme pour faire face aux exigences de la situation qui obligeait à mettre toujours de piquet un bataillon devant se tenir prêt à prendre les armes, le 5ᵉ Secteur réorganisé comptait alors — il est besoin de le rappeler — les vingt-deux bataillons recrutés dans les 8ᵉ et 17ᵉ arrondissements, dont voici les numéros d'ordre :

8ᵉ Arrondissement.

2ᵉ, 3ᵉ, 4ᵉ, 69ᵉ, 71ᵉ, 221ᵉ, 260ᵉ, Seine-et-Oise.

17ᵉ Arrondissement.

33ᵉ, 34ᵉ, 35ᵉ, 36ᵉ, 37ᵉ, 90ᵉ, 91ᵉ, 132ᵉ, 155ᵉ, 207ᵉ, 222ᵉ, 223ᵉ, 235ᵉ, 244ᵉ, 257ᵉ.

Le 27 février, en exécution de l'ordre du jour du Général en chef, commandant d'établir, en surplus du service habituel, un service d'ordre de vingt-quatre heures, composé du tiers des bataillons de chaque arrondissement, afin de maintenir la tranquillité dans Paris, ces bataillons furent ainsi groupés :

8ᵉ Arrondissement.

2ᵉ et 3ᵉ bataillons, 4ᵉ et 69ᵉ bataillons, 71ᵉ et 221ᵉ bataillons.

(Le 260ᵉ n'ayant que cinquante fusils et Seine-et-Oise étant de réserve.)

17ᵉ Arrondissement.

33ᵉ, 34ᵉ, 35ᵉ, 36ᵉ et 37ᵉ bataillons,
90ᵉ, 91ᵉ, 132ᵉ, 155ᵉ et 207ᵉ —
222ᵉ, 223ᵉ, 235ᵉ, 244ᵉ et 257ᵉ —

Mais le 28 février, un nouvel ordre de service du Général Commandant en chef l'Armée de Paris, que rendait indispensable l'entrée des soldats allemands qui campèrent quarante-huit heures dans cette partie de la ville limitée, au nord, par l'avenue des Ternes, la rue du Faubourg-Saint-Honoré, à l'est, par la ligne du Jardin des Tuileries, et, au Sud, par la rive droite de la Seine, vint suspendre momentanément les sages dispositions prises la veille.

La garde nationale forma donc une ligne en arrière de celle de démarcation décrite par l'armée, de la place de la Madeleine par le boulevard Malesherbes jusqu'à la porte d'Asnières, afin d'empêcher, sous quelque prétexte que ce fût, de traverser les lignes.

Les bataillons du Secteur commandés pour accomplir cette mission qui exigeait autant de tact que d'énergie, furent les suivants, conformément à la division de ce service extraordinaire en jours impairs et pairs, avec vingt-quatre heures de repos :

1er mars, 2e, 33e, 69e, 90e, 221e,
2   mars, 71e, 3e,
3   mars, 2e, 33e, 69e, 90e, 221e,
4   mars, 71e, 3e.

A partir de cette dernière date, le service d'ordre des arrondissements, conjointement avec celui de tous les autres postes, fut repris et continua, par toute l'étendue du Secteur, jusqu'au 18 mars.

CHAPITRE VIII

Ordres et Consignes.

ORDRES ET CONSIGNES

INSTRUCTION GÉNÉRALE.

Par ordre du Commandant du 5ᵉ Secteur,

MM. les Chefs de bataillon de la Garde Nationale, les Chefs de corps de l'Artillerie et du Génie, les Officiers de l'État-Major du Secteur et tous les Officiers de la Garde Nationale et des Corps Spéciaux, sont chargés — chacun en ce qui le concerne — de l'exécution des dispositions suivantes :

Postes et factionnaires.

Les postes du Secteur ou de l'intérieur de Paris seront relevés à dix heures précises du matin.

La position et l'effectif des postes de la garde nationale, le nombre et le placement de leurs factionnaires, seront — en tous points — conformes aux tableaux et plans explicatifs affichés dans chaque poste.

Les postes des avancées des portes seront fournis par les postes des portes auxquelles appartiennent ces avancées.

Les factionnaires, soit de jour, soit de nuit, seront relevés d'heure en heure.

Il est laissé à l'appréciation de MM. les Chefs de corps de l'Artillerie et du Génie, d'organiser leurs postes dont la position et l'effectif, le nombre et le placement des factionnaires, devront être en raison de la marche progressive des travaux et de l'armement du rempart.

Portes, ponts-levis et barrières.

Les ponts-levis des Portes d'Asnières, de Champerret, de Villiers, des Ternes et de Neuilly seront abaissés dès que le jour sera fait, et levés aux heures suivantes :

En septembre, à 7 heures du soir,
En octobre,   à 7   —
En novembre, à 6   —
En décembre, à 5   —

Les barrières des avancées seront ouvertes et fermées aux mêmes heures.

En dehors de ces heures règlementaires, les ponts-levis ne pourront être abaissés ni les barrières ouvertes que sur l'ordre du Gouverneur de Paris ou du Commandant du Secteur.

En cas de mouvements de troupes, d'opérations militaires, les ponts-levis resteront abaissés de jour et de nuit, mais seulement aux portes désignées.

Les barrières seules resteront fermées.

Circulation.

La circulation, soit à pied, soit en voiture, est interdite au public sur tout le parcours de la Rue Militaire.

Toute personne, en costume civil — à moins de contre-ordre du Gouverneur, — peut sortir de la ville ou y rentrer librement.

Les gardes nationaux, militaires, gardes mobiles, marins, francs-tireurs, ne pourront ni entrer, ni sortir sans un permis de leurs Chefs de corps.

Devront toujours circuler librement aux portes comme sur tout le parcours de la Rue Militaire :

Les amiraux, généraux, officiers supérieurs et officiers de toutes armes ;

Les corps de troupe, garde nationale, garde mobile, armée de terre et de mer, leur matériel de guerre et les voitures de l'intendance ;

Les ingénieurs civils et militaires, conducteurs de travaux, ouvriers et matériel ;

Les maires, adjoints, commissaires et inspecteurs de police, facteurs des postes, employés des télégraphes et des pompes funèbres ;

Les estafettes à pied ou à cheval porteurs de dépêches.

En cas de mouvements de troupes, d'opérations militaires au dehors, l'entrée et la sortie de la ville seront interdites au public.

Pourront seules circuler librement — en costume civil — les personnes qui justifieront devant l'officier d'état-major préposé à la surveillance de chaque porte, de leur qualité de chargé de mission ou de service.

Mais en tout temps, nul ne peut franchir les avant-postes sans un permis du général Ducrot, dont le quartier général est Porte-Maillot, maison Gillet.

Vivres, denrées, etc.

La sortie de toute denrée alimentaire est interdite.

Seuls pourront être transportés en dehors de l'enceinte :

1° Les vivres destinés aux corps d'armée campés hors Paris, sur la présentation d'un bulletin d'envoi signé par un officier d'administration et visé par l'intendance ;

2° Les provisions nécessaires aux personnes ou aux ouvriers appelés en dehors de la ville par leur service journalier.

Armement et munitions.

MM. les Chefs de bataillon de la garde nationale devront seuls signer les bons de cartouches ou de réparations d'armes. Ces bons indiqueront le numéro du bataillon, celui de la compagnie, le système de l'arme, la quantité de cartouches ou la nature de la réparation.

Par les soins de l'artillerie, un atelier situé rue d'Anjou, 11, à la mairie du VIII° arrondissement, est établi pour la réparation des armes en service de la garde nationale.

Pour faciliter aux corps qui en seraient éloignés les réparations urgentes, MM. les Chefs de bataillon peuvent faire présenter les armes à réparer à l'atelier du chemin de fer de l'Ouest, Batignolles.

Les accessoires d'armes pour fusils transformés dits à tabatière et pour fusils à percussion rayés ou lisses, tels que nécessaires d'armes, monte-ressorts, clefs de cheminée, tireballes, seront délivrés par M. le directeur de l'Atelier des réparations établi à la Manufacture des Tabacs, quai d'Orsay, 67, sur des bons signés par le Commandant en chef du Secteur.

Quant aux pièces de rechange, elles ne pourront être trou-

vées que dans l'atelier de réparations d'armes établi au
Louvre, place du Carrousel, façade du quai, ou chez M. Le-
faucheux, 194, rue Lafayette. Ce dernier seul a des pièces de
rechange pour fusil de dragons dont sont armées les batteries
d'artillerie de la garde mobile.

Comme munitions, MM. les Chefs de bataillon veilleront
à ce qu'il ne soit donné qu'un paquet de cartouches par
homme.

Pour éviter le gaspillage, les cartouches délivrées à un bataillon de service au rempart, seront réintégrées dans les
dépôts avant le relevé de la garde.

Il est expressément défendu aux gardes nationaux de s'exercer au tir individuel sur tout le territoire du 5ᵉ Secteur.

Matériel.

MM. les Chefs de bataillon de la garde nationale, les Chefs
des Corps Spéciaux, les Officiers de l'État-Major, sont invités à
veiller avec le plus grand soin à l'entretien du matériel d'armement des troupes et des bastions, qui doit toujours être
en parfait état, ainsi qu'à la conservation du matériel de
campement des différents postes.

Rondes et patrouilles.

MM. les Chefs de bataillon ou Capitaines commandants faisant fonctions de chefs de bataillon de la garde nationale, de
service soit à l'aile droite ou bastions 46, 47, 48, soit au centre
ou bastions 49, 50 et 51, soit enfin à l'aile gauche ou bastions
52, 53 et 54, commanderont, pour chaque nuit, trois rondes
d'officier et trois patrouilles qui ne pourront franchir les li-
mites du Secteur, ni se porter en dehors des avancées des
portes. Du reste, la composition de ces rondes et patrouilles,

ainsi que leur objet et les heures auxquelles elles devront être faites, seront indiquées par l'instruction particulière.

Ambulances.

Tout bataillon de service est tenu d'avoir, jour et nuit, un chirurgien et cinq hommes, dont un caporal, dans un lieu parfaitement connu et bien à portée des postes, pour donner les premiers soins aux hommes qui tomberaient malades ou seraient blessés.

Tous les jours, de midi à deux heures, l'officier d'ordonnance chargé du Service des Ambulances attendra au quartier général MM. les chirurgiens et toutes les personnes intéressées au service des ambulances du Secteur.

Attendu qu'il importe de ne point distraire les défenseurs de leurs postes de combat, MM. les Chefs de corps sont invités à organiser un service de citoyens de bonne volonté, sans armes et qui, placés à la suite du bataillon sous les ordres immédiats des chirurgiens-majors, seraient attachés, comme brancardiers, au service des blessés.

Cantines, cabarets, feux.

Seuls, les cantiniers des bataillons de la Garde Nationale, des Corps de l'Artillerie et du Génie, munis d'un permis signé de leurs chefs de corps et visé par le Commandant du Secteur, sont autorisés à séjourner et établir des cantines sur le parcours de la Rue Militaire.

Ils ne pourront toutefois vendre aux troupes qu'une nourriture saine, et, en fait de liquides, du vin, du café, de la bière et de l'eau-de-vie, mais après que l'examen en aura été fait par le corps médical du bataillon ou du Secteur.

Leurs établissements ouvriront à la diane et fermeront avec la retraite.

Tous cabarets, comptoirs de vin, établissements publics, situés dans l'étendue du 5ᵉ Secteur, doivent être fermés à dix heures du soir.

Les feux sont absolument défendus sur tout le parcours de la rue Militaire. Seuls, les fourneaux des cantines autorisées qui seront parfaitement clos, peuvent y être établis.

En cas d'attaque.

En cas d'attaque ou même d'alerte, MM. les Chefs de corps veilleront à ce que le rempart ne soit occupé que par les fusiliers et les canonniers nécessaires pour le service.

Le reste des hommes commandés en première ligne se tiendra dans la partie basse du bastion, au pied du talus du rempart prêt à se porter sur la banquette.

Les réserves seront en dehors de la Rue Militaire, protégées autant que possible contre le feu de l'ennemi par des maisons ou des murs.

La Rue Militaire devra rester libre sur tout son développement.

Maison d'arrêt.

MM. les Chefs de bataillon ne pourront faire incarcérer un homme qu'en envoyant un ordre d'écrou qui sera visé par le Commandant du Secteur.

En outre, l'officier payeur du bataillon doit être prévenu sans retard de la date et de la durée de l'incarcération d'un détenu, afin que, pendant ce temps, il ne figure pas sur les feuilles de solde et que ni lui, ni personne pour lui, ne puisse toucher l'allocation de 1 fr. 50, somme qui, par l'intermédiaire de l'intendance, sera versée au gardien de la maison d'arrêt pour représenter la dépense faite pour la nourriture de chaque détenu.

Nota. — Pour éviter toutes erreurs regrettables, le Commandant du Secteur invite MM. les Chefs de bataillon de la Garde Nationale, les Chefs des Corps Spéciaux et tous les Officiers et gardes nationaux à faire viser, dans le plus bref délai, leurs cartes d'identité.

ÉTAT-MAJOR.

Par ordre du Commandant du Secteur.

MM. les Officiers attachés à l'État-Major du Commandant du 5ᵉ Secteur doivent tous être présents au quartier général à 9 heures du matin et ne peuvent s'en absenter que pour le service ou avec autorisation.

Cette autorisation sera demandée par MM. les officiers supérieurs directement au Commandant en chef, et, par les autres officiers, au chef d'État-Major.

A moins d'autorisation spéciale du Commandant en chef, MM. les Officiers doivent être rentrés au quartier général, tous les soirs avant minuit.

En l'absence du Commandant en chef, le commandement est, de droit, conféré à M. le chef d'État-Major.

MM. les Officiers ne doivent jamais être en service ou visiter le rempart sans être en uniforme, sabres et aiguillettes.

En cas de mouvements de troupes, d'opérations militaires, un officier d'État-Major détaché du quartier général sera

placé, de jour ou de nuit, à chacune des portes du Secteur
pour reconnaître lui-même les troupes qui viendraient pour
rentrer dans la place et veiller à la stricte exécution des
mesures que nécessitent les mouvements des corps qui en
sortent.

MM. les Officiers devront tous être porteurs d'une carte
d'identité, de couleur rose, et visée par le Commandant du
Secteur.

INSTRUCTION PARTICULIÈRE.

Par ordre du Commandant du Secteur,

§ 1.

MM. les Chefs de bataillon ou Capitaines commandants faisant fonctions de chefs de bataillon, devront envoyer, chaque
jour, au rapport, à 2 heures de l'après-midi, au quartier général du Secteur, l'adjudant-major de leurs bataillons pour
y prendre copie des ordres de la Place, y recevoir les instructions du commandant du Secteur et le mot d'ordre.

L'adjudant-major de tout bataillon de service au rempart
devra Communiquer le mot d'ordre aux postes, avant 6 heures
du soir.

Un sous-officier désigné par le Major de la Subdivision se
rendra tous les jours, à 10 heures du matin, à l'État-Major-
Général de la garde nationale pour prendre copie des ordres
du jour et donner le mot à la Subdivision et aux postes de
l'intérieur de Paris.

§ 2.

MM. les Chefs de bataillon ou Capitaines Commandants devront prendre, en personne, le commandement des détachements de leurs bataillons de service, à leur tour, au rempart.

L'effectif de ces détachements devra toujours être conforme au chiffre indiqué au rapport.

§ 3.

Le chef de bataillon ou capitaine commandant, de service au rempart, devra s'assurer, par deux rondes-major, l'une de jour, l'autre de nuit, aux heures qu'il lui plaira de choisir, que le bon ordre existe dans tous ses postes et que l'exécution des consignes est partout fidèlement observée.

§ 4.

Le chef de bataillon ou capitaine commandant,

soit de l'aile droite ou bastions 48, 47, 46,
soit du centre ou bastions 51, 50, 49,
soit de l'aile gauche ou bastions 54, 53, 52,

devra commander, pour chaque nuit, trois rondes d'officier et trois patrouilles.

Ces rondes et patrouilles ne pourront être ni commandées ni faites par les chefs de poste des portes, des bastions ou des dépôts et magasins.

Chaque ronde d'officier sera composée de : 1 officier, 1 caporal, 4 hommes; elle aura pour objet de vérifier la position et le service des factionnaires sur les banquettes et de visiter les postes des remparts et des portes.

Les rondes d'officier se feront simultanément à l'aile droite, au centre, à l'aile gauche, aux heures suivantes et dans l'ordre ci-après :

à 9 heures du soir. . . .	du bastion 46 aux bastions 47 et 48,
	—	49	—	50 et 51,
	—	52	—	53 et 54,
à minuit	—	47	—	48 et 46,
	—	50	—	51 et 49,
	—	53	—	54 et 52,
à 3 heures du matin. . .	—	48	—	47 et 46,
	—	51	—	50 et 49,
	—	54	—	53 et 52.

Quant aux patrouilles, chacune sera composée de 1 officier, 1 sergent, 2 caporaux et 12 hommes ; elle aura pour but d'assurer, sur tout son parcours respectif, le maintien de l'ordre et l'observation rigoureuse de la consigne des cantines et des cabarets.

Le parcours de ces patrouilles sera :

Aile droite ou bastions 48, 47, 46,

la rue Militaire ou boulevard Berthier, de la porte d'Asnières au boulevard de Neuilly, — le boulevard de Neuilly, — la place Péreire, — la place Wagram, le boulevard Péreire, — et boulevard Wagram.

Centre ou bastions 51, 50, 49,

la rue Militaire ou boulevard Gouvion Saint-Cyr, — de la porte de Champerret à l'avenue de la Grande-Armée, — le boulevard Péreire, — la place Péreire et le boulevard de Neuilly.

Aile gauche ou bastions 54, 53, 52,

la rue Militaire, — de la porte Maillot à la porte Dauphine, — l'avenue du général Uhrich, — la rue Pergolèse et l'avenue de la Grande-Armée.

Ces trois patrouilles seront fournies par les postes dans l'or
dre ci-après et en partiront simultanément aux heures suivantes :

La 1re à 8 heures du soir   des bastions 46, 49, 52,
La 2e à 10 heures du soir   —   47, 50, 53,
La 3e à 4 heures du matin   —   48, 51, 54.

Ni de jour, ni de nuit, les rondes et patrouilles ne peuvent
franchir la délimitation du Secteur ni se porter en dehors des
avancées des portes.

Tout officier de ronde de nuit doit être accompagné d'un
porte-falot.

§ 5.

Le chef de bataillon ou capitaine commandant, de service
au rempart, devra centraliser les rapports de ses chefs de
poste et les faire parvenir au quartier général du Secteur,
avant 9 heures du matin, avec ses observations personnelles
sur le service.

Au reçu du rapport d'un de ses chefs de poste accusant des
dégradations ou des objets mobiliers disparus, il fera prévenir de suite, au quartier général, l'officier du campement ou,
en son absence, l'officier d'État-Major de service.

Du reste, le Commandant Supérieur appelle tout particuliè-
rement l'attention de MM. les Chefs de bataillon sur la nécessité de veiller à la conservation du matériel, afin que leurs
hommes soient dans les meilleures conditions possibles pour
passer les nuits rigoureuses de l'hiver. A cet effet, MM. les
Chefs de bataillon devront passer, entre 8 et 9 heures du matin, une ronde de campement et s'assureront que, dans chaque
poste, le matériel qui doit s'y trouver en matelas, lits de
camp, capotes, falots, etc., y a été effectivement conservé par

le chef de poste, afin qu'il en soit fait remise aux Commandants des bataillons qui les remplaceront et en prendront
charge à leur tour.

§ 6.

MM. les Chefs de bataillon ou Capitaines commandants sont
invités à exercer la plus grande sévérité envers leurs hommes
qui se mettraient en état d'ivresse.

Les gardes nationaux oublieux à ce point de leurs devoirs
seront, pour l'honneur de leurs corps, désarmés et exclus du
bataillon.

Leurs armes seront déposées au quartier général en même
temps que le rapport fait de leur conduite.

§ 7.

En cas d'alerte ou seulement d'événement grave, MM. les
Chefs de bataillon ou Capitaines commandants auront pour
devoir d'en informer sans retard le Commandant du Secteur,
et mieux encore d'en venir conférer de suite avec lui.

§ 8.

Le Commandant du Secteur rappelle à MM. les Chefs de
bataillon ou Capitaines commandants que, sans un ordre écrit
du Commandant Supérieur des gardes nationales de la Seine,
il est interdit de battre la générale.

POLICE GÉNÉRALE.

Par ordre du Commandant du Secteur,

Le public est informé :

ARTICLE 1er.

Les Portes d'Asnières, de Champerret, de Villiers, des Ternes et de Neuilly seront ouvertes dès que le jour sera fait, et fermées aux heures suivantes :

En septembre, à 7 heures du soir.
En octobre, à 7 heures du soir,
En novembre, à 6 heures du soir,
En décembre, à 5 heures du soir.

ARTICLE 2.

Toute personne — en costume civil — peut sortir ou rentrer librement à pied, à cheval ou en voiture.

Nul ne pourra franchir les avant-postes sans un permis du général Ducrot, dont le quartier-général est situé porte Maillot, maison Gillet.

ARTICLE 3.

La sortie des farines, des légumes, des viandes abattues ou sur pied, des vins, bières, eaux-de-vie et liqueurs, est interdite; mais la rentrée, dans la place, en sera toujours favorisée.

Toutefois, les personnes ou les ouvriers, appelés par leur

service au delà des murs d'enceinte, peuvent emporter avec elles des provisions pour leurs repas de la journée.

ARTICLE 4.

La rentrée dans Paris sera refusée à tout porteur de paquets, à tout conducteur de voitures contenant des objets mobiliers, s'il n'est muni d'une autorisation du maire de la commune justifiant de la provenance desdits objets.

ARTICLE 5.

La circulation à pied ou en voiture, est interdite sur le parcours de la Rue Militaire, c'est-à-dire les boulevards Berthier, Gouvion-Saint-Cyr et Lannes, de la porte d'Asnières à la porte Dauphine.

Toute personne dont le domicile y est situé ou se rendant chez des habitants de ladite rue, pourra y circuler, mais seulement à pied, sur la présentation d'un laissez-passer permanent ou journalier du Commandant du Secteur.

ARTICLE 6.

La vente des boissons, l'établissement des cantines, sont formellement interdites au public aux abords des postes de la Garde Nationale, de l'Artillerie, du Génie, sur le parcours de la Rue Militaire ainsi qu'aux coins des rues y débouchant.

Tous cabaretiers, marchands de vin, patrons d'établissements publics, habitant dans l'étendue du 5e Secteur, suspendront rigoureusement la vente à dix heures du soir.

CONSIGNE GÉNÉRALE DES CHEFS DE POSTE.

Par ordre du Commandant du Secteur,

ARTICLE 1ᵉʳ.

Tout chef de poste est responsable de l'exécution des consignes comme de la conservation du matériel du poste qu'il occupe.

ARTICLE 2.

Les factionnaires fournis par son poste devront être — de jour ou de nuit — relevés d'heure en heure.

Leur placement doit être conforme en tous points aux tableau et plan explicatifs affichés dans le poste.

ARTICLE 3.

Le chef de poste de garde montante — au moment de prendre le poste — vérifiera lui-même, à l'aide du tableau du matériel suspendu dans le poste, si les effets mobiliers qui y sont inscrits et que doit lui remettre, sans exception et en bon état, le chef de poste de la garde descendante, lui sont tous bien représentés.

Dans le cas où quelques-uns de ces effets mobiliers manqueraient ou seraient dégradés, pour dégager sa responsabilité, il adressera sans retard au chef de bataillon un rapport spécifiant les objets perdus ou brisés.

ARTICLE 4.

Tout chef de poste a pour devoir de veiller à la santé de ses hommes comme à la conservation du matériel du poste.

Dans ce but, il assurera l'exécution des mesures suivantes :

Les baraques, casemates, abris seront largement aérés et toujours tenus avec la plus grande propreté ;

Les matelas, dans le jour, seront relevés à la tête des lits de camp ;

Les matelas, capotes, peaux de mouton, etc., seront exposés — quand le temps le permettra — à l'air et au soleil ;

· Le feu des poêles ne sera pas excessif de manière à craindre l'incendie ;

La literie ne sera pas déplacée d'un poste à l'autre ;

Les falots ne seront jamais placés autre part que dans le bureau du chef de poste.

ARTICLE 5.

Tout chef de poste ne doit faire, dans aucun cas, ni rondes, ni patrouilles.

Il commandera seulement, sur l'ordre de son chef de bataillon, les hommes de son poste qui doivent y prendre part, et indiquera, sur son rapport, les heures de départ et de rentrée au poste des rondes et patrouilles qu'il aura fournies.

ARTICLE 6.

Le chef de poste doit seul reconnaître — de jour ou de nuit — les rondes et patrouilles qui se présenteraient à son poste et réclamer de l'officier les commandant, son visa avec indication de l'heure à laquelle il a visité le poste.

Un piquet, formé au moins de huit et au plus de vingt hommes, sera désigné pour prendre les armes en cas de ronde-major de jour ou de nuit.

ARTICLE 7.

Tout chef de poste doit adresser — avant sept heures du matin — à son Chef de bataillon un rapport détaillé sur le service de jour et de nuit.

ARTICLE 8.

En cas d'événement grave, le chef de poste doit en avertir sur-le-champ son Chef de bataillon, et, en l'absence de ce dernier, le Commandant en chef du Secteur.

ARTICLE 9.

En cas d'alerte, tout chef de poste doit donner l'alarme, faire prévenir au plus vite le Chef de bataillon, puis réunir promptement ses hommes et se porter à leur tête sur le point menacé.

ARTICLE 10.

Tout chef de poste est prévenu qu'il ne peut faire aucune réquisition sans le double visa du Chef de bataillon et du Commandant du Secteur.

Nota. — Tout garde national ayant brisé ou dégradé des objets mobiliers d'un poste, subira, pour les remplacer, une retenue sur l'allocation de 1 fr. 50 qui lui a été faite par le décret du 14 septembre 1870.

CONSIGNE PARTICULIÈRE DES CHEFS DE POSTE
DES PORTES.

Par ordre du Commandant du Secteur,

ARTICLE 1er.

Le placement des factionnaires — de jour ou de nuit — aux grilles des portes, aux abords des pont-levis ou aux barrières des avancées, doit être en tous points conforme aux tableau et plan explicatifs affichés dans le poste.

ARTICLE 2.

Les ponts-levis des Portes seront abaissés dès que le jour sera fait, et levés aux heures suivantes :

en septembre, à 7 heures du soir,
en octobre, à 7 heures du soir,
en novembre, à 6 heures du soir,
en décembre, à 5 heures du soir.

Les barrières des avancées seront ouvertes et fermées aux mêmes heures.

ARTICLE 3.

Chaque fois que les ponts-levis seront abaissés ou levés, la garde doit être sous les armes.

Afin d'éviter tout accident comme tout encombrement, les factionnaires des avancées auront l'ordre d'arrêter — au moins dix minutes avant la levée des ponts-levis — la file des voitures s'engageant dans le défilé de l'avancée.

ARTICLE 4.

Toute personne en costume civil — à moins de contre-ordre du Gouverneur — peut sortir ou rentrer librement à pied, à cheval ou en voiture.

ARTICLE 5.

Les gardes nationaux, militaires, marins, gardes mobiles, francs-tireurs, etc., ne peuvent entrer ni sortir sans un permis de leurs Chefs de corps visé soit par l'état-major du Secteur, soit par l'état-major d'un des Généraux commandant au dehors.

ARTICLE 6.

Devront toujours circuler librement :

1° Les Amiraux, Généraux, Officiers Supérieurs, Aides-de-camp, Officiers d'ordonnance et Officiers de toutes armes ;

2° Les Corps de troupes, garde nationale, garde mobile, armée de terre et de mer, le matériel de guerre et les voitures de l'Intendance ou réquisitionnées par l'Intendance ;

3° Les Ingénieurs, conducteurs de travaux, leurs ouvriers et leurs voitures ;

4° Les Maires, Adjoints, Commissaires de police, Inspecteurs, facteurs des postes et employés des télégraphes ou des pompes funèbres ;

5° Les estafettes à pied ou à cheval porteurs de dépêches ;

6° Les ordonnances et plantons des officiers.

ARTICLE 7.

Pourra circuler librement — lors même que l'entrée et la sortie de la ville sera défendue au public par ordre du Gouverneur — toute personne munie d'un laissez-passer du Gouverneur ou de l'État-major Général ou du Commandant du Secteur.

ARTICLE 8.

La sortie de toute denrée alimentaire est interdite, mais la rentrée dans la place en sera toujours favorisée.

Cependant, pourront être transportés hors de l'enceinte :

1° Les viandes abattues ou sur pied, les farines, les légumes, les vins, bières, eaux-de-vie, destinés aux corps d'armée campés hors Paris, sur la présentation d'un bulletin d'envoi signé par un officier d'Administration et visé par un fonctionnaire de l'Intendance ;

2° Les provisions nécessaires aux ouvriers ou aux personnes appelés au dehors de la ville par leur service, pour faire leurs repas de la journée.

ARTICLE 9.

La rentrée dans Paris sera refusée à tout porteur de paquets, à tout conducteur de voitures, contenant des objets mobiliers, s'il n'est muni d'une autorisation du maire de la commune justifiant de la provenance desdits objets.

ARTICLE 10.

Tout chef de poste d'une porte désignera, pour être adjoint — de jour seulement — aux factionnaires placés aux grilles des portes et aux barrières des avancées, deux plantons qu'il saura être parfaitement au courant des consignes et sûrs de leur bonne interprétation.

Nota. — Les chefs de poste des Portes d'Asnières, de Champerret, sont prévenus que des égoutiers, munis de falots, traversent ou suivent les fossés du rempart pendant la nuit. Les factionnaires des avancées devront donc en être informés avec le plus grand soin, pour que l'on ne fasse pas feu sur ces employés qui, eux aussi, travaillent à la défense.

CONSIGNE PARTICULIÈRE

DES CHEFS DE POSTE DES BASTIONS, DES DÉPÔTS ET MAGASINS.

————

Par ordre du Commandant du Secteur :

ARTICLE 1er.

Le placement des factionnaires — de jour ou de nuit — soit sur les banquettes, soit devant les terres-pleins des bastions, soit devant les dépôts et magasins, doit être conforme, en tous points, aux tableau et plan explicatifs affichés dans le poste.

ARTICLE 2.

Les factionnaires placés sur les banquettes des bastions ont pour devoir de :

1° Surveiller les dehors de la place ;

2° Veiller à la conservation du matériel de l'artillerie et des ouvrages des talus ou des rampes ;

3° Ne laisser monter sur les banquettes que les officiers munis d'une carte d'identité ou les personnes qui y sont appelées par leur service et munies de cartes de circulation :

4° Ne permettre de faire ni de déposer aucune ordure.

ARTICLE 3.

Les factionnaires placés devant les terres-pleins des bastions n'y laisseront pénétrer que :

Les Officiers munis de leur carte d'identité ;

Les fourgons au service de l'artillerie ;

Les Ingénieurs, conducteurs, ouvriers et voitures employés aux travaux du rempart ;

Les estafettes à pied ou à cheval porteurs d'ordres ;

Toute personne appelée par son service et munie d'une carte de circulation.

Ils ne laisseront faire ni déposer aucune ordure près des talus, des rampes, ou dans l'intérieur des bastions.

ARTICLE 4.

Les factionnaires placés soit en tête de la Rue Militaire, soit aux débouchés des rues qui y aboutissent, laisseront librement circuler sur le parcours de ladite rue Militaire :

1° Les Généraux, Amiraux, Officiers Supérieurs et Officiers de toutes armes, à pied, à cheval ou en voiture.

2° Les Corps de troupes, garde nationale, garde mobile, armée de terre et de mer, avec leur matériel et les voitures de toute espèce qui leur appartiennent et concourent au service par voie de réquisition ou autrement ;

3° Les gardes nationaux et canonniers munis d'un permis de leur chef de poste ou de batterie ;

4° Les Ingénieurs civils ou militaires, leurs conducteurs, ouvriers et voitures employées aux travaux de la défense ;

5° Les fourgons au service de l'artillerie ;

6° Les plantons à pied ou les estafettes à cheval porteurs d'ordres ;

7° Les personnes munies d'une carte de circulation du Gouverneur de Paris, de l'État-Major Général ou d'un des Commandants des neuf Secteurs, soit à pied, soit à cheval, soit en voiture.

9

ARTICLE 5.

Les factionnaires placés devant les dépôts, poudrières ou magasins ont pour consigne de :

Surveiller attentivement les abords ;

Éloigner les fumeurs ou les groupes de curieux;

Ne permettre l'entrée du dépôt, de la poudrière ou du magasin, qu'aux officiers d'artillerie, aux préposés des douanes et aux officiers munis d'un ordre de l'État-major du Commandant du Secteur.

Nota. — Les chefs de poste des bastions 46, 47, 48, sont prévenus que des égoutiers munis de falots, traversent ou suivent le fossé du rempart pendant la nuit. Les factionnaires, placés sur les banquettes des bastions ou des courtines, devront donc en être informés avec le plus grand soin afin que l'on ne fasse pas feu sur ces employés de la défense.

CONSIGNE DES AMBULANCES

Par ordre du Commandant du Secteur :

ARTICLE 1er

Tout bataillon de service est tenu d'avoir, jour et nuit — un chirurgien et cinq hommes de corvée dont un caporal, dans un lieu bien connu de tous les chefs de poste fournis par le bataillon dans l'étendue du Secteur.

ARTICLE 2.

Dans tous les postes fournis par le bataillon, un article de la consigne quotidienne fera connaître où est situé le poste médical, chirurgien et gardes nationaux de corvée ou brancardiers.

ARTICLE 3.

Tous les jours, de midi à 2 heures, l'Officier d'ordonnance chargé du Service des Ambulances, attendra au quartier général, MM. les chirurgiens et toutes les personnes intéressées au service des ambulances du Secteur.

ARTICLE 4.

L'entrée des blessés ou des malades dans les ambulances de toute nature, doit être signalée au quartier général du Secteur.

CONSIGNE DES PORTIERS-CONSIGNES.

Par ordre du Commandant de Secteur,

Les sous-officiers portiers-consignes des Portes d'Asnières, de Champerret, de Villiers, des Ternes et de Neuilly sont chargés, chacun en ce qui le concerne, de l'exécution des dispositions suivantes :

ARTICLE 1er.

Les ponts-levis des dites portes seront abaissés par eux, en personne, dès que le jour sera fait et relevés aux heures suivantes :

en septembre, à 7 heures du soir.
en octobre, à 7 heures du soir.
en novembre, à 6 heures du soir,
en décembre, à 5 heures du soir.

Les barrières des avancées sont également ouvertes et fermées, par eux, aux mêmes heures.

ARTICLE 2.

En dehors de ces heures réglementaires, les ponts-levis ou les barrières ne peuvent être, — de jour ou de nuit, — les premiers ni abaissés, ni levés ; les secondes ni ouvertes, ni fermées, sans un ordre écrit du Gouverneur de Paris ou du Commandant du Secteur.

Si un ordre de cette nature, émanant du Gouverneur de Paris, était remis au portier-consigne, il en préviendra de suite le chef de poste de la porte qui en avertira sur-le-champ le Commandant du Secteur.

En cas de mouvements de troupes, d'opérations militaires, les ponts-levis resteront abaissés de jour et de nuit aux portes désignées.

Les barrières seules resteront fermées de jour et de nuit.

ARTICLE 3.

Sans une autorisation écrite du Chef d'état-major du Secteur, aucun portier-consigne ne doit ni ne peut s'absenter de son poste.

Il doit toujours prévenir de son absence le chef du poste de la porte dont il est gardien et lui présenter son remplaçant.

ARTICLE 4.

Tout portier-consigne est responsable du matériel de la porte, clefs, barres, cadenas, leviers, etc., et du matériel du poste qu'il occupe, literie, falots, etc.

ARTICLE 5.

Il est expressément défendu à tout portier-consigne de donner à boire ou à manger et de s'occuper de la vente de denrées ou d'objets d'aucune sorte.

CONSIGNE DES GARDIENS-CHEFS DE DÉPOTS.

Par ordre du Commandant du Secteur,

ARTICLE 1er.

La garde et la surveillance des dépôts de cartouches, des poudrières et magasins, est confiée à un gardien-chef et à un préposé, tous deux appartenant à la 6e compagnie des Douaniers casernés bastion 49.

ARTICLE 2.

Le gardien-chef et son préposé doivent être, tous deux, chaque jour, présents au dépôt lors des heures de distribution des munitions, c'est-à-dire de 9 heures du matin à 4 heures du soir.

Ni de jour ni de nuit, sous aucun prétexte et dans aucun cas, ils ne peuvent, en dehors de ces heures, s'absenter du dépôt tous les deux à la fois.

ARTICLE 3.

Le gardien-chef d'un dépôt ne doit faire aucune délivrance sans un bon visé de l'Officier chargé du Service des Poudres et conforme, en tous points, au modèle affiché dans le bureau du dépôt.

ARTICLE 4.

Tout événement important venant à se produire, le gardien-chef doit en faire avertir sur-le-champ le chef de poste le plus voisin et prévenir l'Officier chargé du Service des Poudres, ou en son absence, l'officier d'état-major de service au quartier général.

ARTICLE 5.

Tout gardien-chef est responsable du matériel d'incendie et des effets mobiliers du dépôt, de la poudrière, du magasin qui lui est confié.

CONSIGNE DES CANTINIERS.

Par ordre du Commandant du Secteur,

ARTICLE 1er.

Les cantiniers des bataillons de la Garde Nationale, des corps de l'Artillerie et du Génie, munis d'un permis de leur Chef de corps et visé par le Commandant du Secteur, sont seuls autorisés à séjourner et à établir des cantines dans les postes et sur tout le parcours de la Rue Militaire.

ARTICLE 2.

Ce permis — clause expresse — ne sera valable que le jour où, soit le bataillon, soit le corps auxquels ils appartiennent, est de service au rempart.

ARTICLE 3.

Les cantiniers ne pourront vendre que de la viande, du bouillon, en un mot, une nourriture saine; et, en fait de liquides, du vin, du café, de la bière et de l'eau-de-vie, mais toutefois après que l'examen en aura été fait par le corps médical de chaque bataillon ou du Secteur.

Toutes les autres liqueurs sont expressément défendues.

ARTICLE 4.

Les cantiniers devront cesser la vente avec la retraite et ne l'ouvrir qu'avec la diane.

ARTICLE 5.

Aucuns feux ne pourront être allumés par les cantiniers, soit au long des murs, soit sur le parcours de la Rue Militaire.

Les fourneaux des cantines seront parfaitement clos et établis de manière à ne présenter aucun danger d'incendie.

ARTICLE 6.

Toute contravention au présent réglement entraînera de fait la suppression immédiate du permis de vente.

CONSIGNE DE LA MAISON D'ARRÊT.

———

Par ordre du Commandant du Secteur,

ARTICLE 1er.

Les gardes nationaux punis disciplinairement, cesseront de percevoir la paye de 1 fr. 50 pendant toute la durée de leur détention.

ARTICLE 2.

Ils coucheront sur un lit de camp et, pour toute fourniture, ils recevront une couverture de campement.

ARTICLE 3.

Le service de propreté des chambres sera fait par les détenus eux-mêmes.

ARTICLE 4.

Les gardes nationaux détenus seront nourris aux frais de l'État. Toutes provisions privées sont interdites.

Toutefois, ils pourront se procurer à leurs frais, des vivres apportés de l'extérieur, soit, — en fait d'aliments, — un potage et un plat, soit, — en fait de liquides, — 50 centilitres de vin, par personne et par repas.

ARTICLE 5.

Toute boisson alcoolique est formellement interdite.

ARTICLE 6.

Tous cris, chants, jeux de toute sorte, sont expressément défendus.

Seuls, les livres ou les journaux seront autorisés.

ARTICLE 7.

Les gardes nationaux qui auraient encouru plus de trois jours de prison, pourront être visités par les membres de leur famille, de deux jours l'un.

ARTICLE 8.

Toute infraction au présent règlement, suivant sa gravité, sera punie par la privation de visites, de livres, de journaux, ainsi que l'autorisation d'acheter des vivres supplémentaires.

ARTICLE 9.

Toute dégradation du matériel sera réparée aux frais du délinquant, sans préjudice de l'augmentation de la durée de sa détention.

ARTICLE 10.

En cas de bris de portes, serrures, de tentative d'évasion, le détenu sera déféré au Conseil de guerre.

CONSIGNE DU POSTE DU QUARTIER GÉNÉRAL.

Par ordre du Commandant du Secteur :

ARTICLE 1er.

La garde du Quartier Général est confiée à la Garde Nationale.

Le poste du Quartier Général, situé 48, rue Rennequin, fournira — de jour comme de nuit — deux factionnaires relevés d'heure en heure et placés aux deux côtés de la grille d'entrée du Quartier.

ARTICLE 2.

L'effectif du poste du Quartier Général sera toujours de 40 hommes commandés par un officier.

ARTICLE 3.

Ce poste fera, chaque nuit, trois patrouilles composées chacune d'un sergent et de 10 hommes. Elles parcoureront l'intérieur du Secteur et en visiteront les postes.

Ce poste fournira également les porte-falots et les hommes devant accompagner les Officiers de l'État-major en ronde-major ou en ronde d'officier.

ARTICLE 4.

Les heures auxquelles devront se faire les rondes-major, les rondes d'officier et les patrouilles, seront, chaque jour, indiquées au Rapport à l'Officier chef de poste par le Chef d'état-major du Secteur.

CONSIGNE PARTICULIÈRE

DES PLANTONS ET ORDONNANCES DU QUARTIER GÉNÉRAL.

———

Par ordre du Commandant du Secteur,

ARTICLE 1er.

Un poste composé de 1 caporal et 7 hommes fournis par la
6e compagnie des Douaniers casernés au bastion 49, sera ins-
tallé dans la cour même de l'hôtel du Quartier Général pour
le service particulier du Commandant du Secteur et de son
État-Major.

Chaque jour, ce poste sera relevé à huit heures du matin.

ARTICLE 2.

Entre les deux factionnaires de la garde nationale placés à
à la grille d'entrée, se tiendra le sous-officier mis à la disposition du Commandant du Secteur par M. de Vertus, Commandant du Corps des Francs-tireurs des Ternes.

Il est spécialement chargé de maintenir l'ordre parmi le
public, de ne laisser séjourner personne devant la grille, et
de fournir aux personnes qui se présentent toutes les indica-
tions relatives aux bureaux.

Pour faire ce service, il lui sera adjoint un planton du
poste des Douaniers, qui se tiendra à l'intérieur de la grille,
et conduira aux divers bureaux les personnes qui ont à s'y
présenter.

ARTICLE 3.

Un planton assis et un planton debout, relevés de six en six heures par le poste des Douaniers, seront placés à l'entrée du bureau et du salon de service, au pied du grand escalier.

Le premier est un véritable factionnaire qui ne doit jamais quitter son poste et ne laisser monter personne chez le Commandant du Secteur, sans l'avoir adressé à l'Officier d'état-major de service.

Le second est aux ordres de cet Officier pour le mettre en relations avec tous les autres bureaux et activer ainsi l'expédition des affaires.

ARTICLE 4.

A la porte du salon de réception du Commandant du Secteur, se tiendra de jour et de nuit, un planton également relevé de six en six heures, qui ne laissera pénétrer personne sans avoir pris les ordres de l'Aide-de-camp ou de l'Officier d'ordonnance du Commandant.

Il sera chargé d'annoncer le nom et le grade ou la qualité de la personne reçue.

ARTICLE 5.

Les ordonnances, au nombre de sept, feront le service de leurs officiers de huit heures du matin à dix heures, et serviront à table à onze heures du matin et à six heures du soir.

La propreté générale des bureaux et salons de service commencera à six heures du matin et devra être terminée à huit heures.

Chaque jour il y aura une ordonnance de service pour faire les courses extérieures de MM. les Officiers de l'État-major.

CONSIGNE DES ÉCURIES DE L'ÉTAT-MAJOR.

Par ordre du Commandant du Secteur,

ARTICLE 1er.

Le service des écuries est confié à un piqueur ayant sous ses ordres cinq hommes, dont quatre seront employés au pansage et soins à donner aux chevaux, et un à la sellerie.

Le piqueur est responsable de l'exécution du service et des hommes placés sous sa surveillance.

ARTICLE 2.

Sans un ordre écrit de l'Officier Commandant le Service des écuries, ou, en son absence, de l'Officier d'état-major de service au quartier général, il est fait défense expresse au piqueur, ainsi qu'à tout homme d'écurie, de seller ni sortir aucun cheval.

ARTICLE 3.

Les heures du devoir seront les suivantes :

Promenade du matin. . . . . de 6 à 7 heures.
Rations et pansage. . . . . de 7 à 9 —
Déjeuner des hommes. . . . . . de 9 à 9 h. 1/2.
Rations de jour . . . . midi.
Dîner des hommes. . . . . de 5 à 6 heures.
Rations et pansage du soir. . . . . de 6 à 7 —

La promenade du matin sera d'un quart-d'heure pour chaque cheval, lequel, avant de sortir, aura reçu un litre d'avoine.

ARTICLE 4.

Le piqueur désignera la veille, pour le lendemain :

1° Un planton d'écurie qui se rendra au quartier-général, en tenue, à dix heures du matin, pour y rester jusqu'à cinq heures du soir à la disposition de l'Officier de service et transmettre aux écuries ses ordres relatifs au mouvement des chevaux.

2° Deux hommes de garde, de jour comme de nuit, l'un à l'écurie, l'autre à la sellerie, et un troisième pour les remplacer tour à tour à l'heure des repas.

Sous aucun prétexte, les hommes de garde à l'écurie et à la sellerie ne doivent s'absenter tous les deux à la fois.

ARTICLE 5.

Tous les jours, à dix heures du matin, le piqueur viendra au rapport au quartier général pour prendre les ordres, donner connaissance à l'Officier Commandant le Service des écuries, de l'état des chevaux et lui soumettre ses observations personnelles.

ARTICLE 6.

Un vétérinaire et un maréchal sont chargés, l'un de la visite des chevaux, et l'autre de leur ferrure.

Ils seront payés aux frais de l'officier dont le ou les chevaux auront réclamé leurs offices.

ARTICLE 7.

Aucun homme d'écurie ne doit s'absenter sans y être préalablement autorisé par le piqueur.

Sous aucun prétexte, il ne pourra découcher, et, en permission, il devra toujours être rentré aux écuries avant dix heures du soir.

ARTICLE 8.

Il est expressément défendu à qui que ce soit, de fumer dans les écuries.

CHAPITRE IX

En cas d'attaque.

EN CAS D'ATTAQUE

Les premières instructions données dès le 12 septembre, à tous les Commandants de Secteurs pour qu'ils adoptent un plan de défense uniforme, en vue de résister à une attaque de vive force, portaient que :

1° Les réserves formées par la Garde Nationale occuperont, en arrière de l'enceinte, *un* ou *deux* points au plus ;

2° En arrière, seront les réserves de la Garde Mobile ;

3° En arrière d'elles, seront les réserves des Troupes de Ligne.

C'était, en un mot, comme plan général de défense de la ville menacée alors d'un assaut, former, dans chaque Secteur, trois lignes devant s'appuyer les unes sur les autres, ce que chacun pouvait se représenter par la figure suivante·

Gardes Nationaux de service au Rempart.

Réserve, Garde nationale.   Réserve, Garde nationale.

Réserves de Garde Mobile.

Réserves des Troupes de la Ligne.

Maintenant, quels furent ces *deux points au plus* désignés sur le territoire du 5ᵉ Secteur ? Je ne saurais les préciser.

Toujours est-il que, dans la disposition des forces citée plus haut, on devait voir le prototype de tout plan conçu pour la défense du Secteur. C'est de sa teneur dont on s'inspira, du reste, pour composer celui exposé plus loin, plan dans lequel n'entraient, il est vrai, que les bataillons de la Garde Nationale, et cela parce que, d'une part, le premier danger d'une attaque de vive force était alors écarté, et, d'autre part, la Garde Mobile et les Troupes de Ligne ayant été appelées à former au dehors de la ville un cordon défensif, l'organisation des bataillons de la garde nationale était chose achevée.

Au premier coup d'œil jeté sur l'ensemble topographique du 5ᵉ Secteur, on remarque aisément :

1° Qu'il représente un vaste triangle dont un des côtés — celui de la ligne bastionnée — est de beaucoup plus développé que l'autre — une ligne assez droite — formée par les avenues du général Uhrich et de Friedland et le boulevard Haussmann ;

2° Que la première ligne des réserves ne saurait être autre que celle du boulevard Péreire et du refend de l'avenue Malakoff ;

3° Que, dans le cas où cette première ligne viendrait à céder, la seconde est certainement l'avenue Wagram, qui a non-seulement l'avantage de rallier les forces, mais de les disposer du même coup sur une même ligne de bataille, depuis la place de l'Étoile jusqu'à la place Wagram ;

4° Enfin que, l'ennemi avançant toujours, le point central à défendre, où doivent se replier, pour s'y grouper, toutes les forces du Secteur, est le triangle formé par les trois lignes du boulevard Malesherbes — du boulevard Haussmann et de l'avenue de Friedland — et de l'avenue Wagram. De plus, le parc de Monceau peut être une redoute improvisée à force de bras et devenir ainsi une nouvelle base d'opérations. C'est

arc-boutées sur la place Malesherbes et au croisé de l'avenue
de Friedland et du Faubourg-Saint-Honoré, que les troupes
doivent tenter un dernier effort avant d'évacuer complète-
ment le Secteur.

Ces premiers points indiqués, restait à définir la situation
des lignes de défense, leur front et leurs points d'appui.

Suivant toujours la division, en sections, de la ligne bastionnée, on trouva que le front de l'aile droite était de
1,200 mètres environ, celui du centre 1,000 mètres, celui enfin
de l'aile gauche 900 mètres environ.

Donc, en cas d'une attaque — l'artillerie étant à ses postes
de combat et les bataillons de la garde nationale, sauf trois
de service au rempart, étant massés à leurs lieux respectifs
de réunion, — les dispositions défensives, pour chaque section, furent les suivantes :

AILE DROITE.

ARTILLERIE.

1re batterie du Rhône. Courtine 45-46 et bastion 46.
13e   —   du 15e rég.   —   46-47 et   —   47.
2e   —   du Rhône.   —   47-48 et   —   48.

GARDE NATIONALE.

2e bataillon. Place droite de la Madeleine.
33e   —   Boulevard de Courcelles, au coin du boul. Malesherbes.
70e   --   Avenue Victoria.
92e   —   Square des Arts et Métiers.
113e   —   Place de la Bourse.
149e   —   Place Vendôme.
181e   —   Boulevard Bonne-Nouvelle.

1 bataillon pour renforcer celui de service au rempart.

En 1re réserve,

2 bataillons occupant le boulevard Péreire, le premier sa droite appuyée à la placeWagram, sa gauche à la barricade Brémontier, le second, sa droite à cette même barricade et sa gauche à la place Péreire ;

En 2e réserve,

2 bataillons occupant le terrain des baraquements 3 et 4, le premier, sa droite appuyée au boulevard de Malesherbes; le second, sa gauche au boulevard de Neuilly.

En 3e réserve,

1 bataillon en arrière de la place de Malesherbes ; 1 bataillon derrière la place Saint-Augustin.

CENTRE.

ARTILLERIE.

1re batterie de.	Courtine 48-49 et bastion 49,
5e comp. d'Auxiliaires. .	— 49-50 et — 50, flanc dr.
2e batterie de la.	Bastion 50 flanc gauche,
5e comp. d'Auxiliaires. .	Courtine 50-51 et bastion 51,
	— 51-52.

GARDE NATIONALE.

3^e	bataillon.	Place gauche de la Madeleine.
35^e	—	Place Saint-Ferdinand (Ternes).
90^e	—	Square des Batignolles.
100^e	—	Boulevard Poissonnière.
132^e	—	Place de Wagram.
155^e	—	—
196^e	—	Place du Louvre.

1 bataillon pour renforcer celui de service au rempart.

En 1re réserve,

3 bataillons occupant le boulevard Péreire, le premier, sa droite appuyée place Péreire, le second défendant les 4 passages du chemin de fer compris entre les rues des Combes et de Villiers, le troisième, sa gauche à la barricade de l'avenue des Ternes, au passage du chemin de fer.

En 2e réserve,

2 bataillons massés dans les terrains du Gazomètre et rues adjacentes.

En 3e réserve,

1 bataillon à la pointe ouest du parc Monceau, dans les terrains coupés par la rue de Vigny.

AILE GAUCHE.

ARTILLERIE.

3e batterie du Rhône. . .	{ Bastion 52 et Courtine 52-53.
	— 53 et — 53-54.
6e batterie du 6e Régiment	— 54 et Courtine 54-55.

GARDE NATIONALE.

8e bataillon.	Place de la Bourse.
37^e	—	Place Courcelles.
91^e	—	Rue de Rome, gare des Batignolles.
112^e	—	Place du Carrousel.
148^e	—	Rue du 4 Septembre.
171^e	—	Ministère des Finances.
207^e	—	Rue de Rome, gare des Batignolles.

1 bataillon pour renforcer celui de service au rempart.

En 1ʳᵉ réserve,

2 bataillons, le premier occupant les villas des terrains de la rue Pergolèse, le second, les magasins de la Compagnie des petites voitures, en arrière de l'Avenue Malakoff.

En 2ᵉ réserve,

2 bataillons défendant les barricades de la Place de l'Etoile et des avenues du général Uhrich et de la Grande-Armée.

En 3ᵉ réserve,

2 bataillons, au croisé des avenues de Friedland et boulevard Haussmann et de la rue du Faubourg Saint-Honoré, défendant l'Hôpital Beaujon, la Chapelle Saint-Nicolas et l'École des garçons et des filles.

Enfin, le Commandement Supérieur placé, en arrière de toutes ces lignes, Caserne de la Pépinière, place de Saint-Augustin, ayant directement sous ses ordres les bataillons d'élite Rueil, Argenteuil et Versailles, et la 6ᵉ compagnie des Douaniers du bastion 49.

PARIS. — IMPR. VICTOR GOUPY, RUE GARANCIÈRE, 5.

Plan Général du 5me Secteur

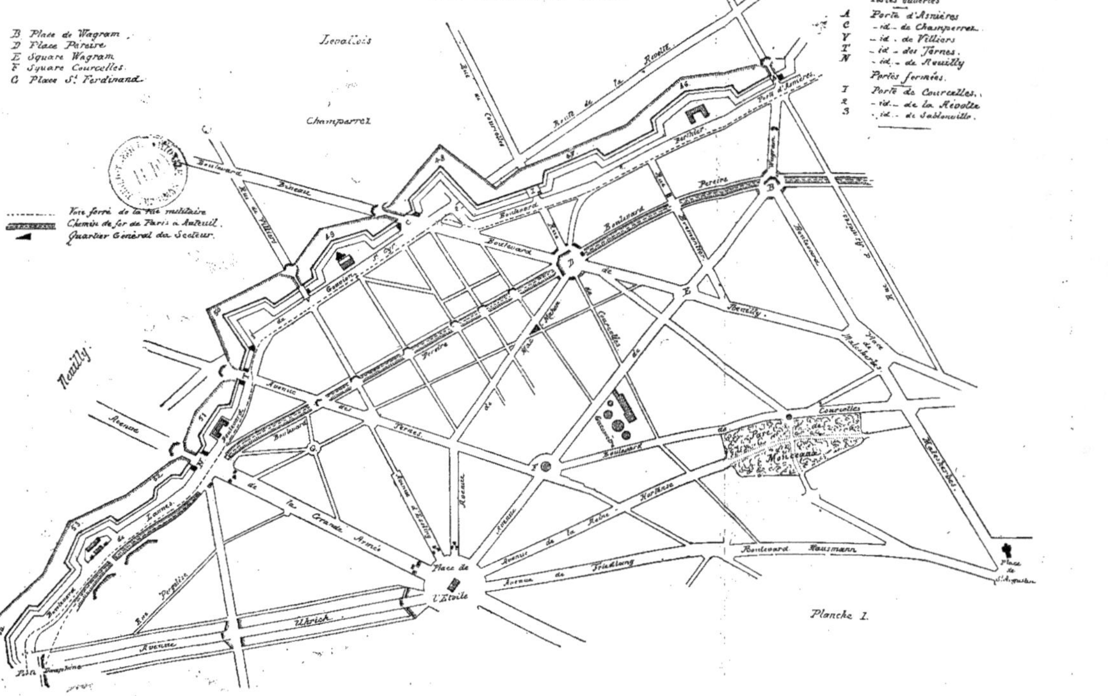
B Place de Wagram
D Place Péreire
E Square Wagram
F Square Courcelles
G Place St. Ferdinand
Portes ouvertes
A Porte d'Asnières
C - id. - de Champerret
V - id. - de Villiers
T - id. - des Ternes
N - id. - de Neuilly
Portes fermées
1 Porte de Courcelles
2 - id. - de la Révolte
3 - id. - de Sablonville
Voie ferrée de la rue militaire
Chemin de fer de Paris à Auteuil
Quartier Général du Secteur
Levallois
Champerret
Neuilly
Route de la Révolte
Porte d'Asnières
Boulevard Berthier
Boulevard Pereire
Boulevard Gouvion St. Cyr
Boulevard Bineau
Rue de Villiers
Rue de Courcelles
Place de l'Etoile
Avenue de la Grande Armée
Avenue des Ternes
Avenue de Wagram
Avenue de Friedland
Avenue de la Reine Hortense
Boulevard Haussmann
Avenue Uhrich
Boulevard Lannes
Parc Monceaux
Place St. Augustin
Porte Dauphine

Planche I.

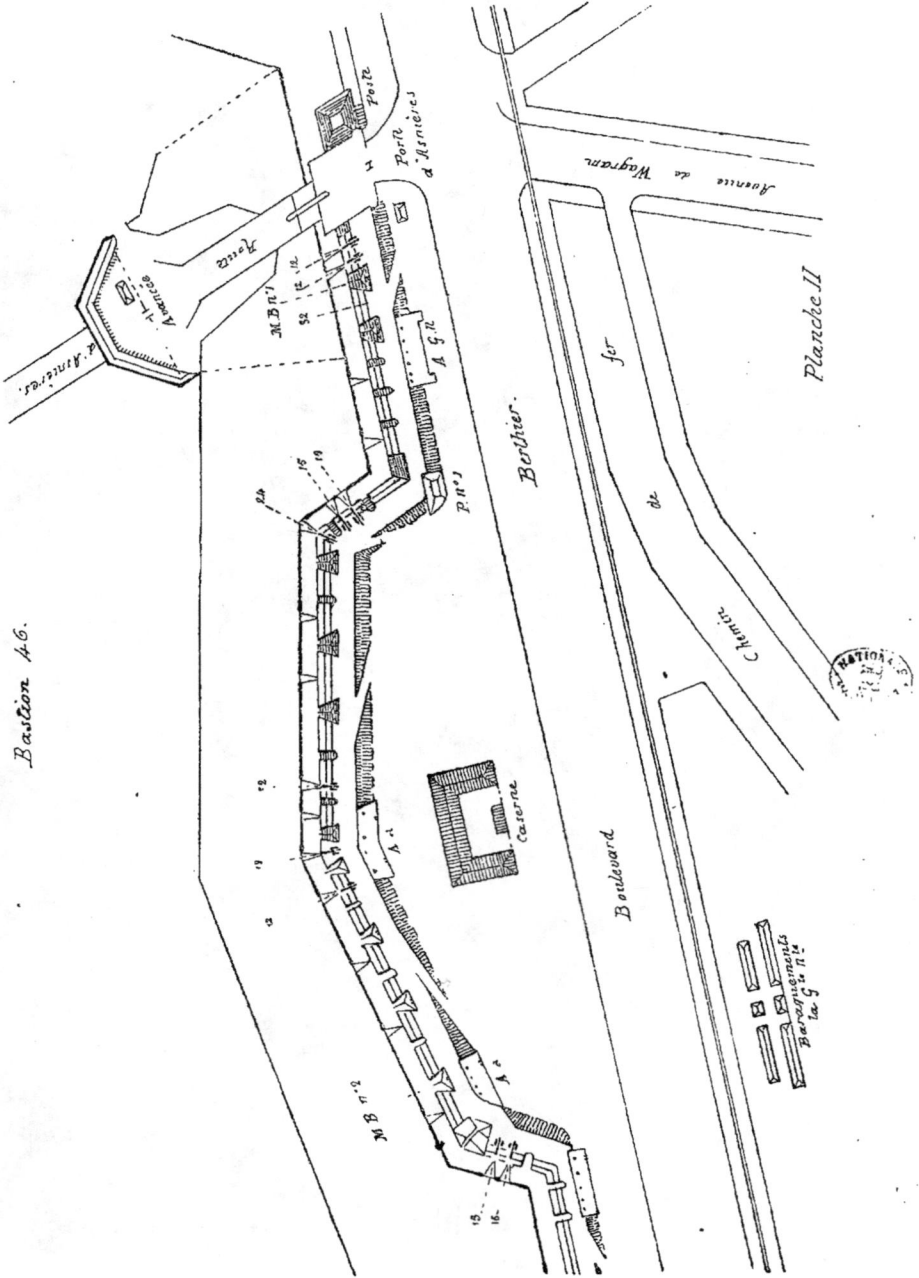

Bastion 46.

Planche II

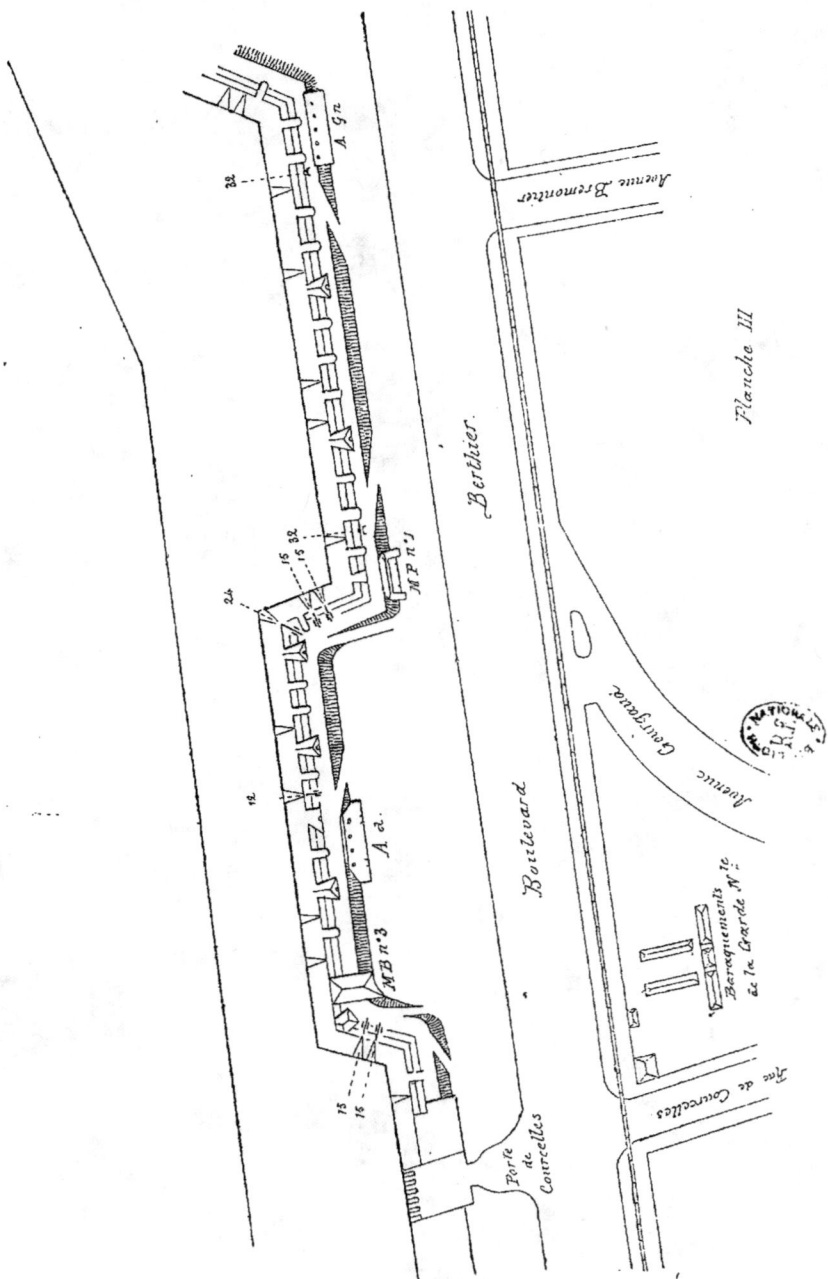

Bastion 47

Planche III

Avenue Brémontier

Berthier

Boulevard

Avenue Gourgaud

Baraquements le
de la Garde N.

Porte
de
Courcelles

Rue de Courcelles

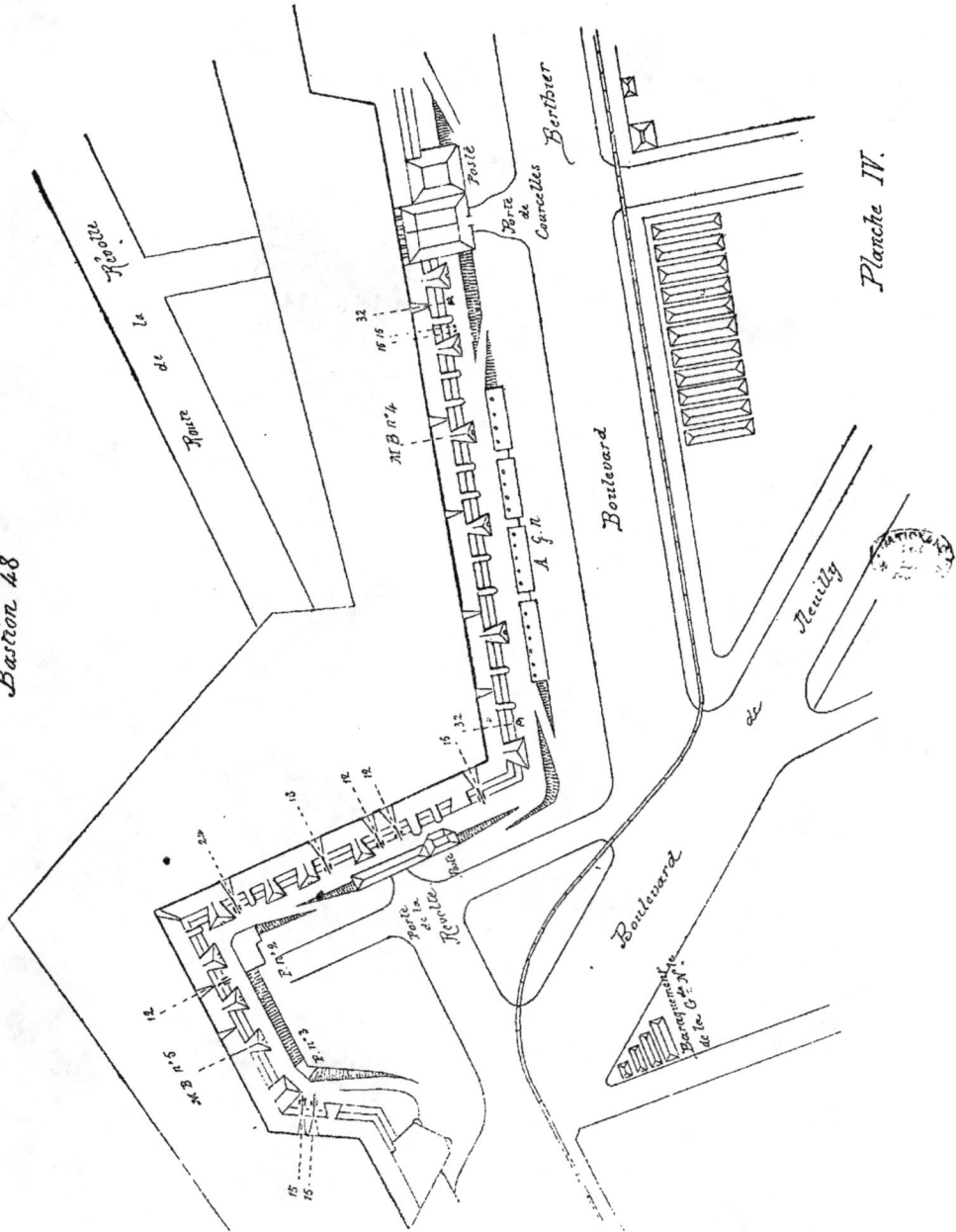

Bastion 48

Planche IV.

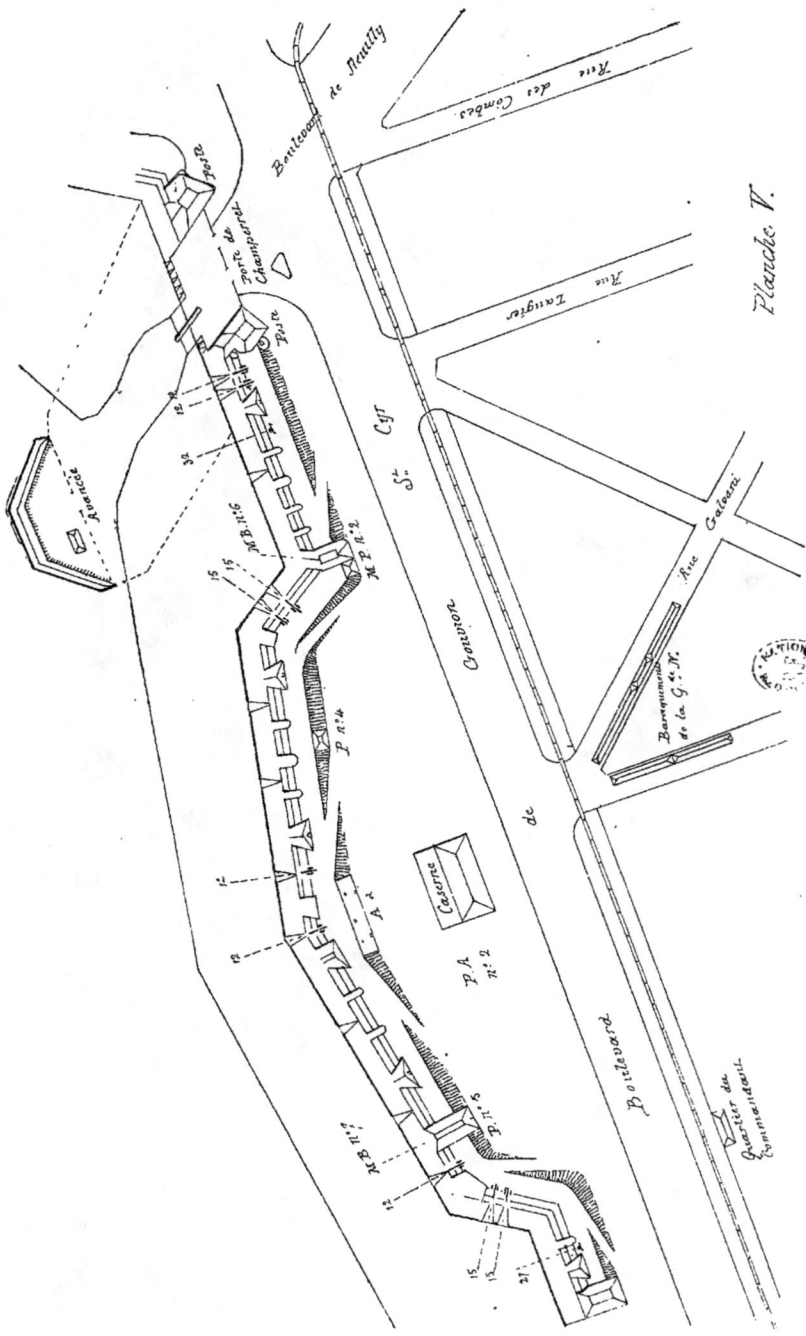

Bastion 49.

Planche V.

Bastion 50.

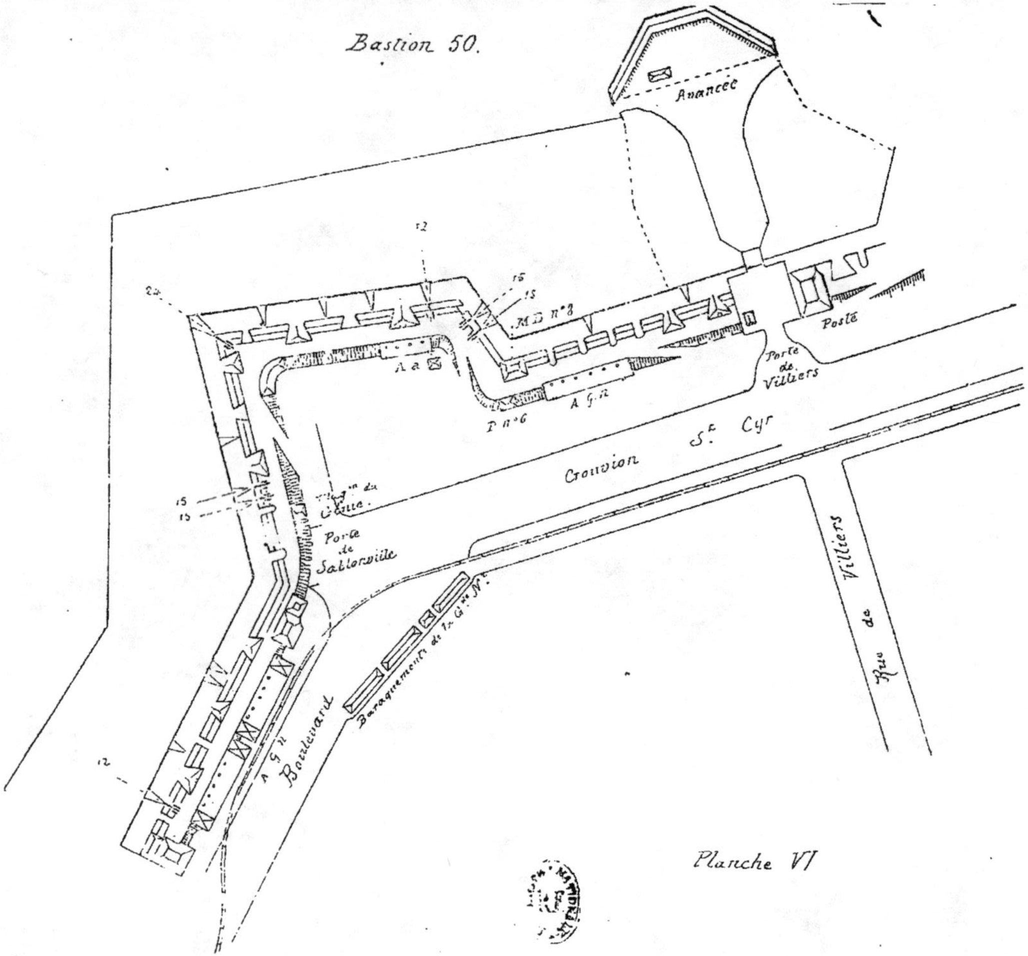

Planche VI

Avancée

Poste

Porte de Villiers

Glacis St. Cyr

Parc N° 6

N° 5

M. N° 5

M. N° 3

12

La 8

Chemin de Ville

Porte de Sablonville

Baraquement de 1 à 5

Boulevard

N. 5 V.

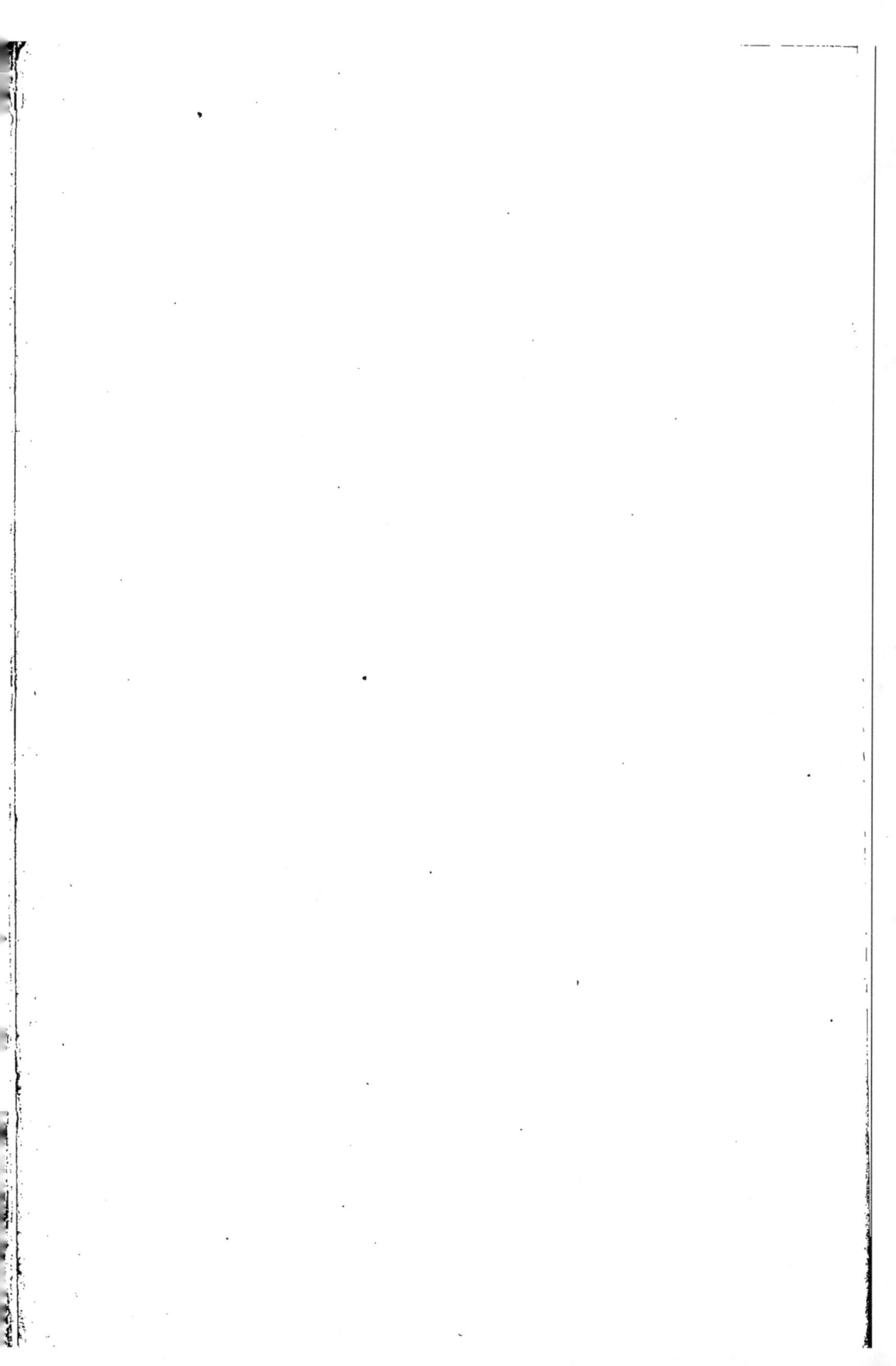

Bastion 51.

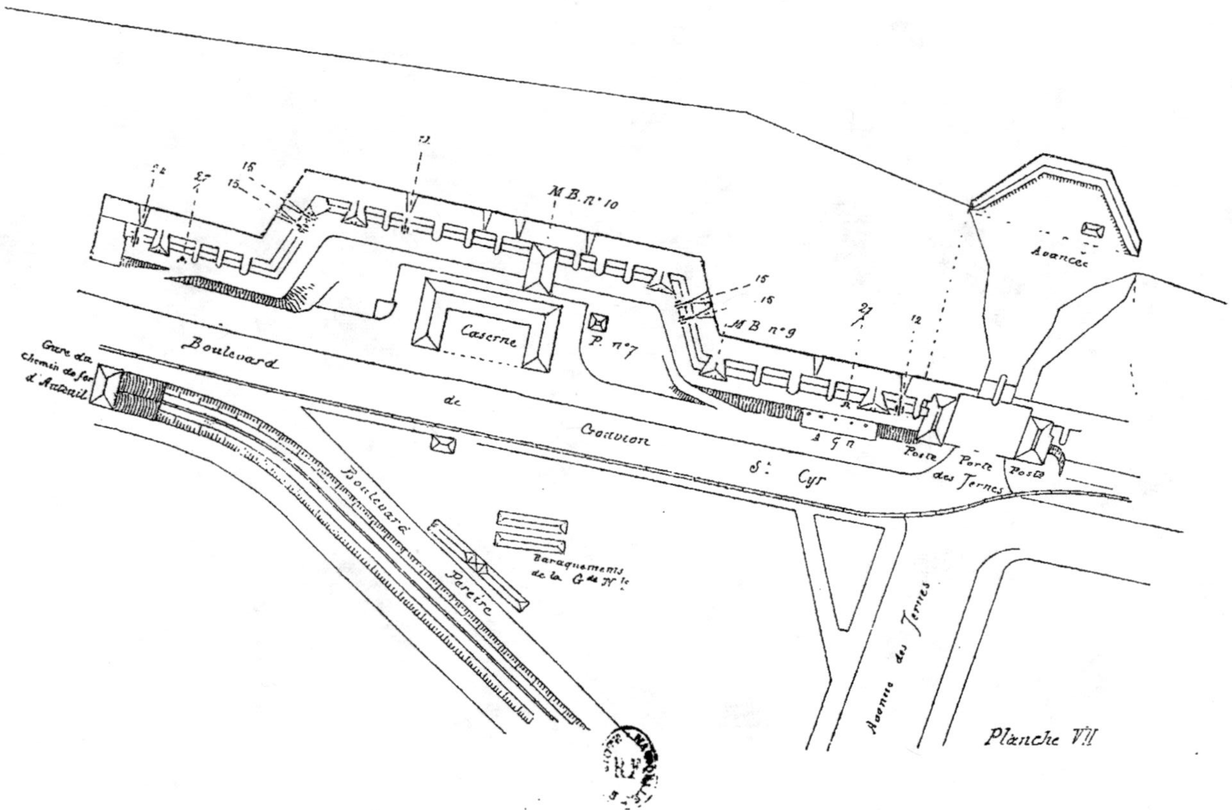

Avenue des Terres

Porte Poste

Porte des Terres

Porte St Cyr

Couvent de St Cyr

M.B. n° 9

M.B. n° 10

Caserne P n° 7

Caserne

Boulevard de

Boulevard

Boulevard Pereire

Baraquements de la Gare

Gare du chemin de fer d'Arcueil

Avancée

12

2

15
16

21

15
15
27
22

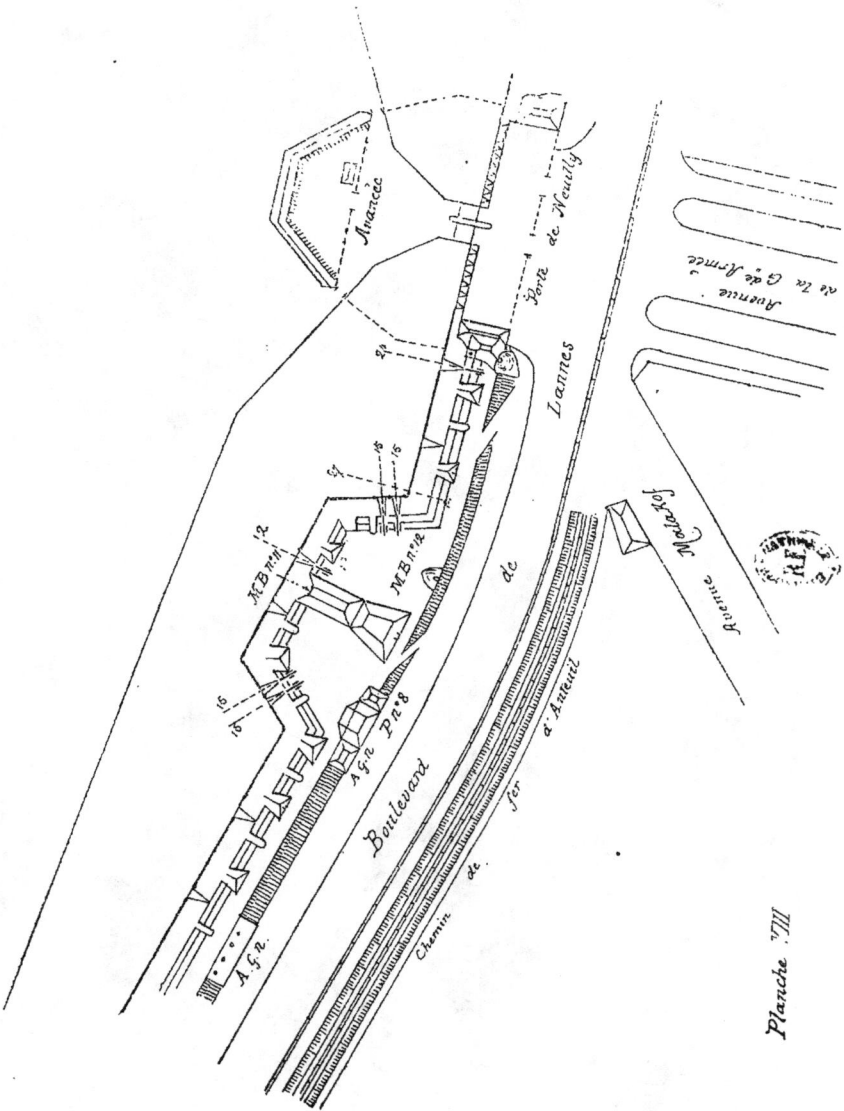

Bastion 52.

Planche VIII.

Bastion 53

Planche IX

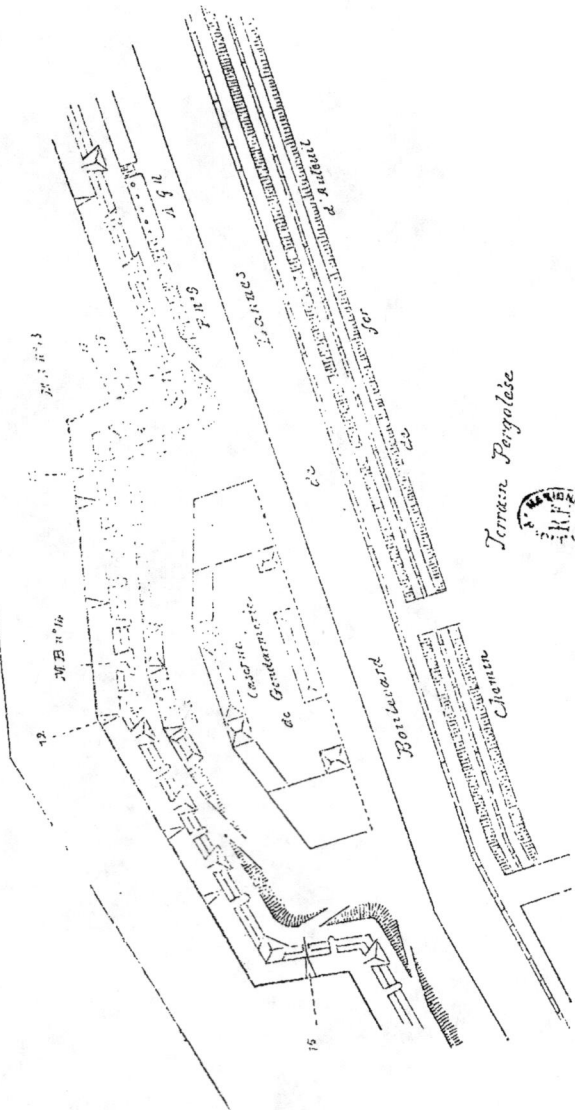

Terrain Pergolèse

Chemin de fer

Boulevard

Caserne de Gendarmerie

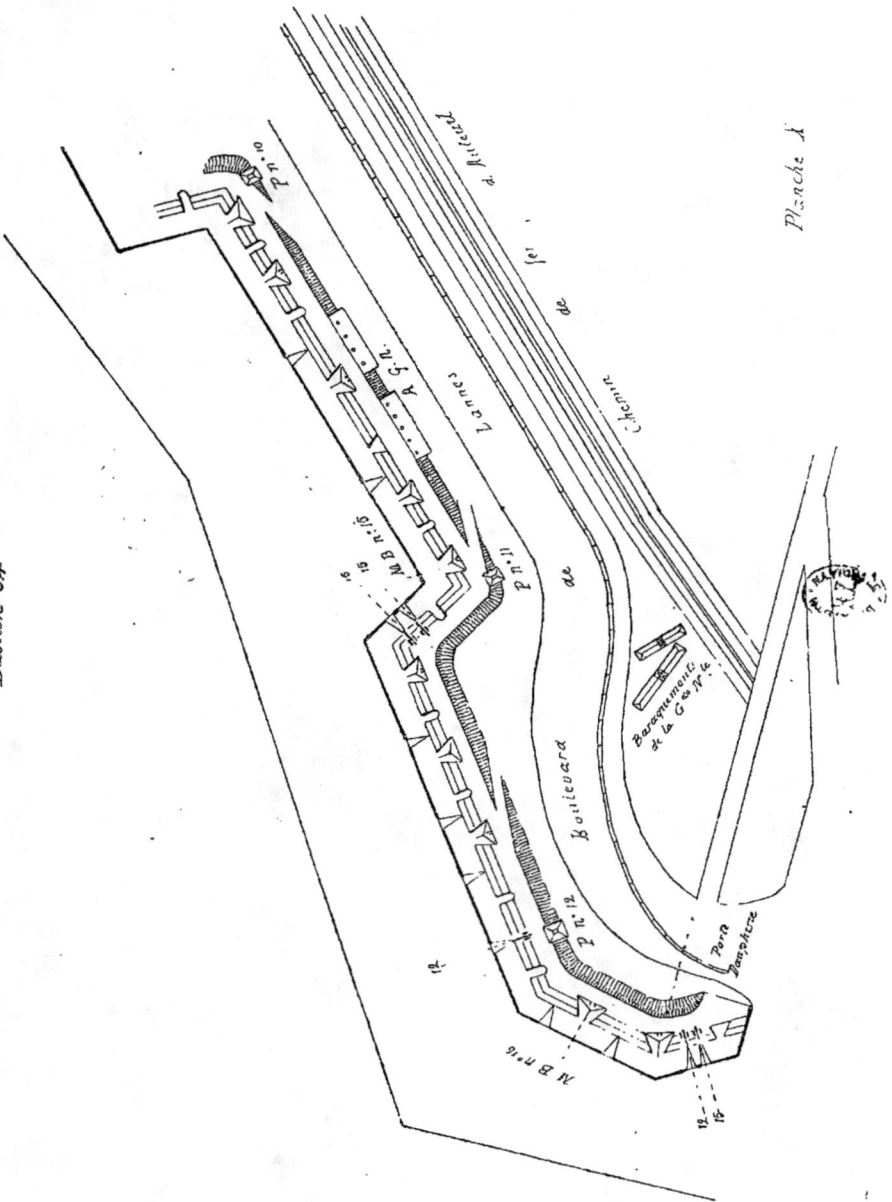

Bastion 54

Pn.10

Planche X

Chemin de fer d'Atteux

Lannes

A.G.n.

15
15

M.B n.15

Pn.11

de

Boulevard

Baraquements de la G.ie n.le

Pn.12

Porte Dauphine

15

M.B n.16

13
15

1 Avancée de la Porte d'Asnières.
2 Poste de la Porte d'Asnières.
3 Poste du Bastion 64.
4 Poste du Bastion 47.
5 Quartier du Commandant.
6 Poste du Dépôt n° 2.
7 Poste du Bastion 48.
8 Poste du Dépôt n° 1.

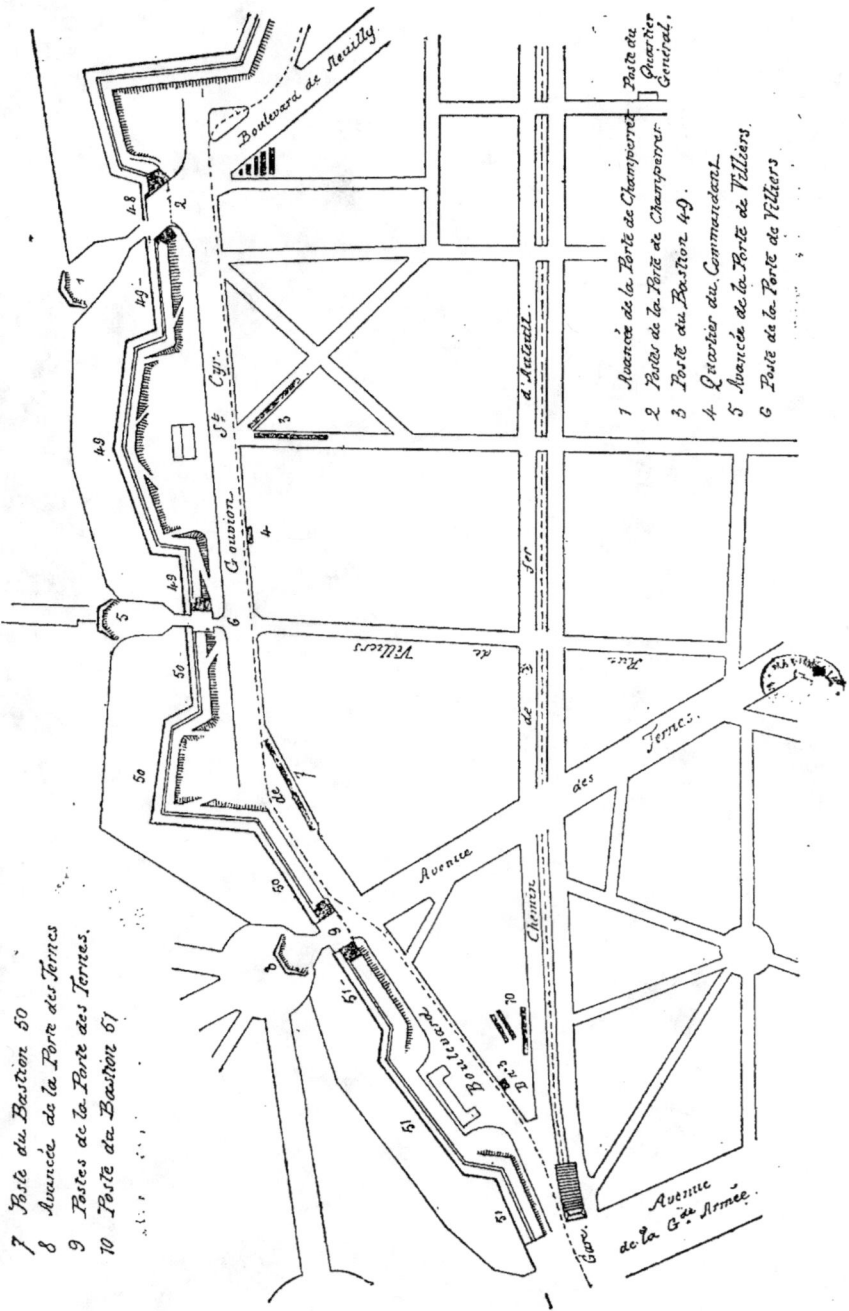

Planche XII.

Boulevard de Neuilly

St. Cyr.

Courbron

d'Auteuil

Villiers

de la

Rue

Fer

Chemin

Avenue

des Termes

Avenue de la G.de Armée

Boulevard

1 Avancée de la Porte de Champerret
2 Poste de la Porte de Champerret
3 Poste du Bastion 49
4 Quartier du Commandant
5 Avancée de la Porte de Villiers
6 Poste de la Porte de Villiers

Poste du Quartier Général.

7 Poste du Bastion 50
8 Avancée de la Porte des Termes
9 Postes de la Porte des Termes
10 Poste du Bastion 51

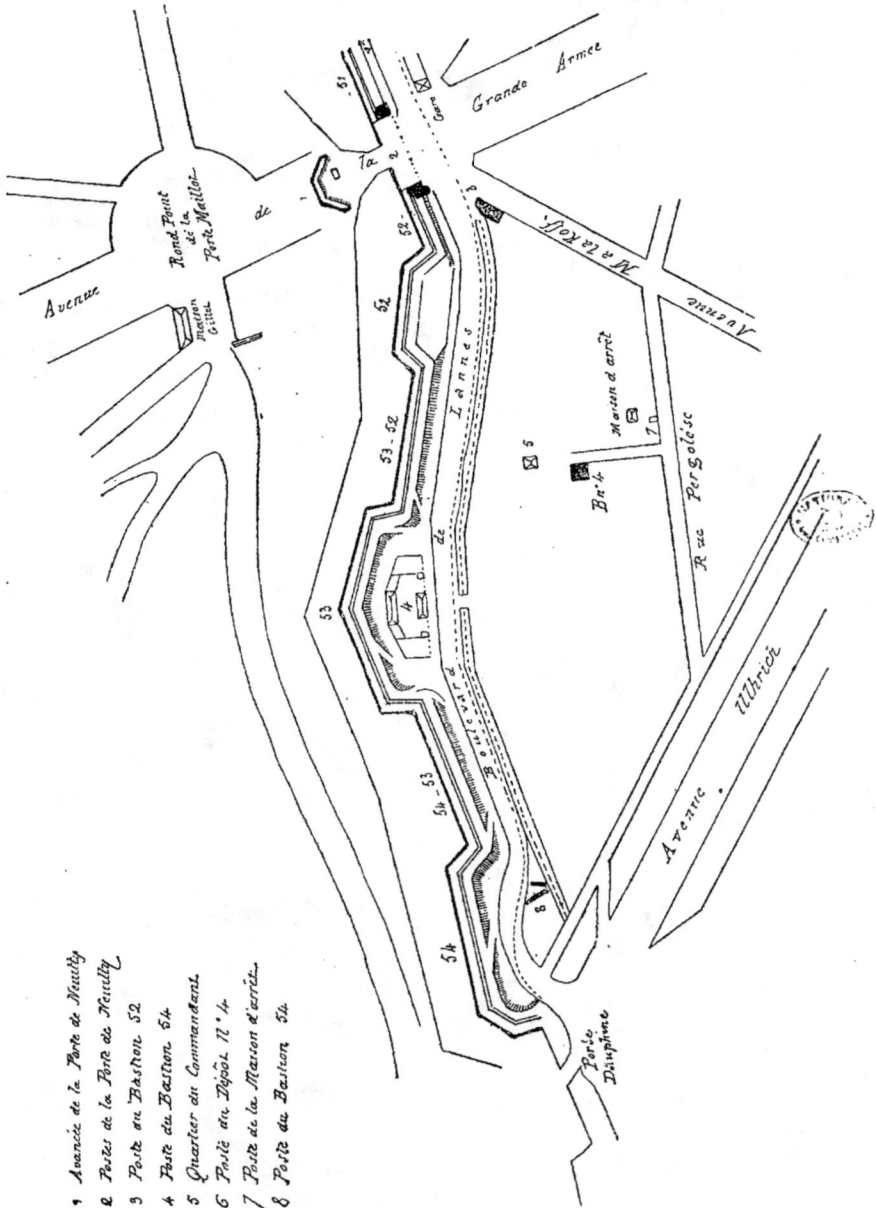

Planche XIII.

Postes de l'Aile Gauche

Grande Armee

Avenue Mac Mahon

Rond Point de la Porte Maillot

Avenue de

maison Gillet

Boulevard de Lannes

Rue Pergolèse

Maison d'arrêt

Avenue Ulbrich

Porte Dauphine

1 Avancée de la Porte de Neuilly
2 Postes de la Porte de Neuilly
3 Poste au Bastion 52
4 Poste du Bastion 54
5 Quartier du Commandant
6 Poste du Dépôt n° 4
7 Poste de la Maison d'arrêt
8 Poste du Bastion 54

www.ingramcontent.com/pod-product-compliance
Lightning Source LLC
Chambersburg PA
CBHW072238270326
41930CB00010B/2175